LA PHILOSOPHIE DE LA DOMINATION OCCIDENTALE SUR LE MONDE

LA PHILOSOPHIE DE LA DOMINATION OCCIDENTALE SUR LE MONDE

Dr. François Adja Assemien

THE REGENCY PUBLISHERS

ISBN: 978-1-962313-86-5   (Paperback Edition)
ISBN: 978-1-962313-87-2   (Hardcover Edition)
ISBN: 978-1-962313-85-8   (E-book Edition)

Book Ordering Information

The Regency Publishers, US
521 5th Ave 17th floor NY, NY10175
Phone Number: (315)537-3088 ext 1007
Email: info@theregencypublishers.com
www.theregencypublishers.com

Printed in the United States of America

Sommaire

Du Même Auteur

Les Rebelles Africains, roman, Edilivre, 2016

Les Règles d'or du bonheur, du succès, de la santé et du salut personnels, Edilivre, 2016

Introduction à la philocure, essai, Edilivre, 2016

L'Afrique interdite, roman, Edilivre, 2016

Le Monde ne vaut rien, essai, Edilivre, 2016

La Côte d'Ivoire a mal, essai, Edilivre, 2018

Président Donald Trump et les Africains, essai, Edilivre, 2020

L'Art de vivre en Amérique, guide, Edilivre, 2019

Education morale et spirituelle, Edilivre, 2016

Thomas Sankara comme Thomas More et Socrate, essai, 2020

Ahikaba, roman, Mary Bro Foundation Publishing, London, 2018

La Conscience Africaine, essai, Edilivre, 2016

L'Afrocratisme contre le nouvel ordre mondial, essai, The Regency Publishers, 2023

Corona virus, essay, Global Summit House, 2020

Let's save humanity and life, essay, Global Summit House, 2021

The Power of American women, essay, GoldTouch Press, 2021

Philosophy about life, essay, Global Summit House, 2021

La Puissance des femmes américaines, essai, GoldTouch Press, 2021

L'Amérique est un paradis, essai, Author's Note 360, 2021

La Philosophie de l'esprit africain, essai, L'Harmattan, 2021

La Philosophie de la faiblesse et de la folie, essai, The Regency Publishers, 2023

La Philosophie de la puissance américaine, essai, The Regency Publishers, 2023

Les Buts et les dangers des vaccins covid, essai, The Regency Publishers, 2023

La Philosophie du développement personnel, essai, The Regency Publishers, 2023

Le Mali de Assimi Goïta et la révolution africaine, essai, Great Writers, 2022

Introduction

Qu'est-ce que la philosophie de la domination occidentale ? La philosophie représente ici une boussole, une lampe qui éclaire et guide les Occidentaux dans leurs actions hégémoniques. C'est leur outil intellectuel ou leur arme idéologique. En général, la philosophie ou idéologie est un ensemble organisé, cohérent d'idées, de concepts, ordonné à des fins pratiques ou théoriques (action et connaissance). Ici, ce sont toutes les pensées, toutes les théories, qui expliquent ou sous-tendent le phénomène global qui s'appelle la domination occidentale se manifestant par la géopolitique, la géoéconomie et la géostratégie. C'est une école, un enseignement ou la connaissance des réalités objectives, sociologiques et historiques. C'est aussi notre réflexion critique sur la dialectique ou le mouvement de la vie et du monde d'aujourd'hui. Cet enseignement doit être dispensé à la jeunesse des pays dominés et figurer dans les programmes scolaires et académiques des pays du tiers-monde et de l'Afrique en particulier. Il vient à point nommé. Il comble un vide conceptuel nuisible et inacceptable. Il doit être adopté comme tradition théorique africaine en matière pédagogique et didactique. Il se veut une discipline intellectuelle à part entière qui vise à instruire les Africains sur leur africanité problématique aux prises avec les dualités géo- mondiales.

Avant ce livre, nous avons publié d'autres livres allant dans le même sens que ce dernier. L'un s'intitule La Philosophie de l'esprit africain. Nous l'avons voulu également comme une matière d'enseignement, c'est-à-dire une discipline scolaire et académique à part entière. Dans ce même ordre des choses, nous avons écrit plusieurs autres ouvrages intitulés : Introduction à la philocure, La Philosophie de la vie, L'Afrocratisme contre le nouvel ordre mondial, La Conscience africaine, La Philosophie de l'amour, La Philosophie du développement personnel, La Philosophie de la prédation. En tant qu'agent de la connaissance (philosophe-sociologue), nous voulons prendre toutes nos responsabilités prospectives ou jouer pleinement notre rôle régalien. Ainsi nous nous sentons obligés de créer sans cesse des doctrines et des concepts cognitifs. Cela vise le progrès de la pensée et l'enrichissement de la connaissance. C'est fait pour le bonheur et l'épanouissement des apprenants de plus en plus curieux, insatisfaits et pour l'intérêt de tous et de chacun. C'est bon pour l'humanité entière. L'Afrique a cruellement besoin de ça. La bonne ou la vraie connaissance libère un peuple de son asservissement, de ses malheurs, de ses souffrances et de sa domination par les étrangers prédateurs et barbares. C'est dans cette intention patriotique et humaniste que nous travaillons. Les écoles et les universités africaines et d'ailleurs ont besoin de notre initiative et de notre contribution intellectuelle, culturelle, cognitive. Ne dit-on pas que l'Afrique d'aujourd'hui est en retard dans tous les domaines, qu'elle est ignorante, faible, pauvre, sous-développée, contre-développée ? Si. L'Afrique actuelle n'est-elle pas méprisée, insultée, dominée ? Si.

Nous dirons ici pourquoi et comment l'Afrique est dominée par l'Occident. Nous définirons la notion de domination et nous montrerons les aspects ou les formes significatifs de la domination occidentale sur l'Afrique. En effet, la domination est un concept très ambigu ou polysémique. La domination nous renvoie à la fois au monde physique, matériel, naturel et au monde psychologique, spirituel, mental, intellectuel, culturel. Son domaine d'application est très diversifié, varié et différencié. La domination peut s'appliquer à tout ou, mieux, elle peut s'exercer dans tous les domaines. Elle est multiforme. C'est ce que nous mettrons en évidence, en lumière ici, en appliquant la domination à l'Afrique. Notre continent en souffre terriblement, affreusement, depuis de longs siècles, à partir de sa rencontre avec l'Occident. C'est pourquoi nous avons choisi de critiquer, d'analyser (au sens grec de ces mots) la domination. Il s'agira de l'évaluer, de la juger, de la faire bien connaître. La domination est le nœud, le ressort, le moteur de l'histoire ainsi que des rapports entre les continents, les races, les peuples, les Etats, les nations, les individus.

Ainsi on parle de rapport de force, de rapport de conflit, de rapport de violence, de rapport d'injustice, de rapport d'inégalité, de rapport de dominateur à dominé, de rapport de maître à esclave (la dialectique hegelienne), de rapport d'oppresseur à opprimé, de rapport d'exploiteur à exploité ou de bourgeois à prolétaire (la lutte des classes dans le marxisme-léninisme). C'est montrer l'importance de la domination ou sa richesse. La vie repose sur la domination. L'histoire est l'histoire de la domination. La domination se traduit par diverses manières, notamment, par la guerre, la violence, l'injustice, la méchanceté, le conflit mais aussi par les actes moraux hypocrites comme la charité, la compassion, l'empathie, la pitié, l'affection, la sympathie, la faveur, la générosité, l'altruisme, le don de soi, l'abnégation, le renoncement. La domination c'est tout exercice de la force ou de la puissance sur quelqu'un ou quelque chose. La force et la puissance sont d'ordre physique, matériel ou moral, psychologique, mental, spirituel, intellectuel. C'est d'ordre concret, objectif ou abstrait, subjectif, idéologique, théorique.

S'agissant de sa valeur, il faut savoir que la domination n'est pas un mal en soi. Ce n'est pas toujours négatif, nocif, dangereux. Par exemple, en physique, la domination qui signifie la supériorité manifestée dans la mesure de la force n'est pas un mal, un danger. Cela n'est pas condamnable. Un poids peut être supérieur à un autre poids. Un poids lourd et un poids faible peuvent cohabiter harmonieusement, sans dommage. Les inégalités naturelles ne sont pas dangereuses. Les inégalités sociales et humaines non plus ne sont pas toutes nuisibles. Chaque personne doit être traitée selon sa valeur, sa force, son mérite, ses dons, ses talents, ses efforts, son génie, sa personnalité, sa compétence. Tous les actes dits moraux traduisent la domination et sont loués, glorifiés par la société : la bonté, la générosité, la faveur (cadeau), la charité, l'altruisme, la pitié etc. Ces comportements sont intéressés, égoïstes et leur intention est mauvaise. Mais ces formes de domination subtiles sont encouragées, recommandées, exigées par la société qui condamne la domination à travers sa morale ascétique et son droit positif. La charte de l'ONU condamne la domination ou l'agression d'un pays souverain par un autre. Ainsi l'impérialisme, la colonisation et l'esclavage sont interdits en tant que crimes contre l'humanité et la civilisation (Déclaration Universelle des Droits de l'Homme de 1948).

En esthétique et en sport, l'on recherche la valeur des individus. Cette valeur est la domination ou la supériorité des uns sur les autres. Cela est légal et légitime. Une belle femme (esthétique) est louée, glorifiée, honorée, récompensée, désirée, épousée (concours de beauté féminine à travers le monde). Les champions sportifs sont adoubés, célébrés, décorés, récompensés. Leur domination fait le bonheur de l'humanité. Cela rend leurs pays très fiers. C'est ici le lieu de rappeler que la domination n'est pas un mal en soi. En somme il faut distinguer deux formes de domination. Il y a la domination positive, vertueuse, glorieuse et la domination négative, vicieuse, honteuse, condamnable. Il y a la bonne domination et la mauvaise domination. La bonne domination est celle qui est pratiquée par les hommes vertueux, couronnés, décorés, déclarés meilleurs, champions, héros, génies, excellents (élites, étoiles). La mauvaise domination est celle qui est pratiquée par les méchants, les barbares, les criminels, les prédateurs. La domination dont nous parlons dans le présent livre est celle qui est pratiquée par les impérialistes, les colonialistes et les esclavagistes en Afrique. C'est la somme des souffrances, des malheurs, des crimes contre l'humanité noire, la morale ascétique et la civilisation.

1

La Domination Géopolitique

Le monde n'est pas juste et il n'est pas en paix. Il est toujours en guerre. L'Occident est contre le reste du monde (l'impérialisme). Il est surtout contre l'Afrique qu'il considère comme sa chasse gardée, sa proie de toujours. Son genou est toujours posé sur le cou de l'Afrique. Il étouffe, écrase et dévore l'Afrique. Géopolitiquement, que se passe-t-il ? Depuis la conférence très honteuse et criminelle de Berlin (1884-1885), les pays impérialistes, esclavagistes et colonialistes occidentaux se sont rendus maîtres et possesseurs de l'Afrique. Ils ont traité l'Afrique comme leur gâteau commun, leur proie facile, leur butin de guerre. Ils l'ont divisée en menus morceaux. Chaque pays a pris sa part (ses colonies). Des micro-Etats coloniaux ont ainsi été créés en Afrique. Ils sont appelés colonies françaises, colonies anglaises, colonies espagnoles, colonies belges, colonies allemandes, colonies portugaises etc. Qu'est-ce qu'une colonie ? C'est un territoire africain qui a été conquis militairement par un Etat étranger, une puissance européenne. Cet Etat conquérant est un colonisateur, un dominateur. Il se donne le droit de vie et de mort sur la population de sa colonie. Il soumet cette population au travail forcé (esclavage). Il l'opprime et l'exploite à souhait. Celle-ci est corvéable et taillable à merci.

La colonie est gérée, administrée, dirigée par un gouverneur blanc. Le système politique d'une colonie dépend de celui de la métropole. Même lorsqu'une colonie obtient son indépendance (quelle indépendance !?) vis-à-vis de la métropole, cela ne change rien à la nature de son système politique. La colonie demeure toujours dominée et gouvernée par sa métropole. Son indépendance politique n'est qu'une comédie, une tromperie. C'est une illusion fondée sur l'hypocrisie, le mensonge, la mauvaise foi. Aucune colonie française en Afrique, par exemple, n'est totalement, réellement indépendante, libérée, souveraine. De la colonisation, on est passé à la néo-colonisation. Aujourd'hui, on parle du néocolonialisme en Afrique. Cela a rendu le système de la décolonisation et de l'indépendance caduque, obsolète. Les pays africains sont formellement décolonisés et indépendants. Les frontières issues du découpage (balkanisation) de l'Afrique par les Européens sont maintenues intactes. Elles sont très jalousement conservées, entretenues. Les colons continuent de peser de tout leur poids sur les affaires des Africains. Les Noirs ne sont point libérés, autonomes, émancipés. Ils ne s'autodéterminent point. Par exemple, les 15 pays francophones d'Afrique n'ont pas le droit de se choisir des partenaires commerciaux en dehors de la France. Ils n'ont pas le droit de signer des accords de coopération ou de défense avec aucun autre pays au monde, en dehors de la France. Ils n'ont point le droit de se choisir des modèles politiques différents de celui de la France comme la monarchie, la chefferie traditionnelle, l'empire. Ils sont condamnés à suivre tous les modèles français comme des moutons (république, démocratie libérale, Etat unitaire, jacobin). Cela permet à la France de bien contrôler, dominer, maîtriser ses colonies. En effet, c'est elle qui dicte les règles du jeu politique dans ses colonies. Elle est à la fois arbitre, juge, tribunal. Elle est le repère, la référence, l'étalon de mesure de la vie politique en Afrique. Elle choisit et impose les Présidents fantoches, vassaux, de son goût, à ses colonies à travers des simulacres électoraux. En fait, les Présidents africains sont des gouverneurs français à la peau noire, des marionnettes, des valets du néocolonialisme et de l'impérialisme français. Ils gouvernent par procuration et leur mission est d'appliquer les onze accords cyniques que le Général de Gaulle a fait signer de force aux premiers Présidents africains. Ces accords secrets sont un code de conduite suicidaire des Africains envers la France. Cela empêche les colonies de se développer. C'est la racine de tous leurs maux. C'est le moteur de leur aliénation culturelle (langue, système éducationnel), économique (prédation, monnaie nazie, FCFA), de domination intégrale, absolue.

A ce pacte colonial (la françafrique), il faut ajouter la charte de l'impérialisme élaborée à Washington pendant la Traite négrière, ensuite discrètement négociée à la très honteuse Conférence de Berlin en 1885 pendant que les puissances occidentales se partageaient l'Afrique. Cela fut renégocié secrètement à Yalta au moment du partage du monde en deux blocs après la deuxième guerre mondiale et pendant la création de la « Société des Nation », l'ancêtre de l'ONU (source : Musée de Tervuren).

I. DISPOSITION GENERALE

Article 1:

De la Devise : -Devise de l'impérialisme : Gouverner le monde et contrôler les richesses de la planète. Notre politique est de diviser pour mieux régner, dominer, exploiter et piller pour remplir nos banques et faire d'elles les plus puissantes du monde.

Article 2:

Aucun pays du tiers-monde ne constitue un Etat souverain et indépendant.

Article 3:

Tout pouvoir dans les pays du tiers-monde émane de nous, qui l'exerçons par la pression sur les dirigeants qui ne sont que nos marionnettes. Aucun organe du tiers-monde ne peut s'en attribuer l'exercice.

Article 4:

Tous les pays du tiers-monde sont divisibles et leurs frontières déplaçables selon notre volonté. Le respect de l'intégrité territoriale n'existe pas pour le tiers-monde.

Article 5:

Tous les dictateurs doivent mettre leurs fortunes dans nos banques pour la sécurité de nos intérêts. Cette fortune servira des dons et crédits accordés par nous comme assistance et aide au développement aux pays du tiers-monde.

II. DU REGIME POLITIQUE

Article 6:

Tout pouvoir et gouvernement établi par nous est légal, légitime et démocratique. Mais tout autre pouvoir ou gouvernement qui n'émane pas de nous est illégal, illégitime, dictatorial, quelle que soit sa forme et sa légitimité.

Article 7:

Tout pouvoir qui oppose la moindre résistance à nos injonctions, perd par le fait même sa légalité, sa légitimité et sa crédibilité. Il doit disparaître.

III. DES TRAITES ET DES ACCORDS

Des traités et des accords

Article 8:

On ne négocie pas les accords et les contrats avec les pays du tiers-monde, on leur impose ce qu'on veut et ils subissent notre volonté.

Article 9:

Tout accord conclu avec un autre pays ou une négociation sans notre aval est nul et de nul effet.

IV. DES DROITS FONDAMENTAUX

Article 10:

Là où il y a nos intérêts, les pays du tiers-monde n'ont pas de droit; dans les pays du Sud, nos intérêts passent avant la loi et le droit international.

Article 11:

La liberté d'expression, la liberté d'association et les droits de l'homme n'ont de sens que dans les pays où les dirigeants s'opposent à notre volonté.

Article 12:

Les peuples du tiers-monde n'ont pas d'opinion ni de droit, ils subissent notre loi et notre droit.

Article 13:

Les pays du tiers-monde n'ont ni culture ni civilisation sans se référer à la civilisation occidentale.

Article 14:

On ne parle pas de génocide, de massacre ni des « crimes de guerre » ou des « crimes contre l'humanité » dans les pays où nos intérêts sont garantis. Même si le nombre des victimes est très important.

V. DES FINANCES PUBLIQUES

Article 15:

Dans les pays du tiers-monde, nul n'a le droit de mettre dans les banques un plafond d'argent non fixé par nous. Lorsque la fortune dépasse le plafond, on la dépose dans l'une de nos banques pour que les bénéfices retournent sous des prêts ou d'aide économique au développement en espèce ou en nature.

Article 16:

N'auront droit à l'aide précitée que les pays dont les dirigeants font preuve d'une soumission totale à nous, nos marionnettes et nos valets.

Article 17:

Notre aide doit être accompagnée des recommandations fortes de nature à empêcher et briser toute action de développement des pays du tiers-monde.

VI. DES TRAITES MILITAIRES

Article 18:

Nos armées doivent être toujours plus fortes et plus puissantes que les armées des pays du tiers-monde. La limitation et l'interdiction d'arme de destruction massive ne nous concerne pas, mais les autres.

Article 19:

Nos armées doivent s'entraider et s'unir dans la guerre contre l'armée d'un pays faible pour afficher notre suprématie et nous faire craindre par les pays du tiers-monde.

Article 20:

Toute intervention militaire a pour objectif de protéger nos intérêts et ceux de nos valets.

Article 21:

Toute opération d'évacuation des ressortissants des pays occidentaux cache notre mission réelle, celle de protéger nos intérêts et ceux de nos valets.

VII. ACCORDS INTERNATIONAUX

Article 22:

L'ONU est notre instrument, nous devons l'utiliser contre nos ennemis et les pays du tiers-monde pour protéger nos intérêts.

Article 23:

Notre objectif est de déstabiliser et de détruire les régimes qui nous sont hostiles et installer nos marionnettes sous la protection de nos militaires sous la couverture des mandats des forces de « L'ONU ».

Article 24:

Les résolutions de l'ONU sont des textes qui nous donnent le droit et les moyens de frapper, de tuer et de détruire les pays dont les dirigeants et les peuples refusent de se soumettre à nos injonctions sous la couverture des résolutions du Conseil de Sécurité de l'ONU.

Article 25:

Notre devoir est de maintenir l'Afrique et d'autres pays du monde dans le sous-développement, la misère, la division, les guerres, le chaos pour bien les dominer, les exploiter et les piller à travers les « Missions » des « Nations-Unies.

Article 26:

Notre règle d'or est la liquidation physique des leaders et dirigeants nationalistes du tiers-monde.

Article 27:

Les lois, les résolutions, les cours et tribunaux des « Nations-Unies » sont nos instruments de pression contre les dirigeants et leaders des pays qui défendent les intérêts de leurs peuples.

Article 28:

Les dirigeants des puissances occidentales ne peuvent être poursuivis, arrêtés ni incarcérés par les cours et tribunaux de l'ONU, même s'ils commettent des « crimes de guerre », des « génocides » ou des « crimes contre l'humanité » (écrit par le Musée de Tervuren, Belgique).

2

La Domination Géo-Économique

Ici, nous exposons la façon dont l'Occident domine et exploite économiquement l'Afrique. Cette domination consiste en fait dans la prédation et la néo-colonisation. La France possède totalement l'économie africaine à travers un contrat léonin appelé Pacte colonial, c'est-à-dire des accords secrets et criminels.

La dette coloniale pour remboursement des bénéfices de la colonisation

L'Etat français fait payer à ses ex-colonies le coût des infrastructures qu'elle a construites pendant sa colonisation prédatrice. Il y a paradoxe, injustice, arbitraire, absurdité ici car c'est plutôt à la France de dédommager les pays africains qu'elle a volés, pillés, massacrés (génocides, travaux forcés, esclavage). La France doit payer pour tous ses crimes contre l'Afrique. Les Africains doivent revendiquer des réparations légitimes aux Français. C'est leur droit absolu et leur devoir sacré, régalien. Le bourreau ou le voleur n'a pas de droit à revendiquer mais plutôt un devoir à faire à l'égard de sa victime. C'est celui de restituer ce qu'il a volé à sa victime. Ce n'est pas à sa victime de le payer pour lui avoir causé des torts. Africains, prenez conscience de cette absurdité coloniale, françafricaine, de cette injustice et de cet arbitraire satanique. Soyez lucides, courageux, responsables et agissez puissamment contre vos prédateurs, vos voleurs et vos criminels qui vont de faute à faute, d'injustice à injustice, de méchanceté à méchanceté, de contradiction à contradiction.

La confiscation automatique des réserves financières nationales

Les pays africains doivent déposer leurs réserves financières auprès de la Banque de France. Ainsi la France « garde » les réserves financières de 14 pays africains depuis 1961 : Bénin, Burkina Faso, Guinée Bissau, Côte d'Ivoire, Mali, Niger, Sénégal, Togo, Cameroun, République centrafricaine, Tchad, Congo-Brazzaville, Guinée Equatoriale, Gabon. Ainsi la gouvernance des politiques monétaires reste asynchrone et incomplète du fait qu'elle soit pilotée directement par le gouvernement français, sans aucun lien avec les autorités financières des pays tels que la CEMAC ou la CEDEAO. Ainsi du fait des conditions qui lient les banques des zones économiques et financières, elles sont obligées de garder 65 % de leurs réserves de change dans un compte d'opérations tenu par le Trésor français ainsi que 20 % supplémentaires afin de couvrir « les risques financiers ». De plus, les banques des zones CFA imposent une limite de crédit à chaque pays membre équivalent à 20 % des recettes d'Etat de l'année N-1 ! Bien que le BEAC ou la BCEAO ont des possibilités de retraits supérieurs auprès du Trésor français, ces retraits doivent faire l'objet de l'accord du Trésor français. La décision finale revient donc au Trésor français qui a lui-même investi les réserves des pays africains sur la place boursière parisienne.

En d'autres mots, 80 % des réserves financières africaines sont déposées sur un compte d'opération contrôlé par l'administration française. Les deux banques de la zone CFA sont africaines de par leurs noms, mais ne décident aucune des politiques monétaires par elles-mêmes. Pire, les pays eux-mêmes ne savent même pas quelle est la part de réserves financières qui leur appartient en groupe ou individuellement en tant que pays mais détenue par l'administration du Trésor français. Ce point du pacte colonial ou de la géo-économie est aussi scandaleux, absurde et aberrant que le premier point. Cela est absolument inacceptable. Il faut être Africain pour accepter l'inacceptable, pour se faire manipuler et traiter de la sorte, pour se faire voler ses réserves financières dans un système néo-colonial, mafieux et prédateur. Quelle foutaise et quel mépris de la part de la France impérialiste ! Ces actes prédateurs de domination n'ont pu être possibles que grâce aux très dangereux défauts des peuples africains, à savoir la lâcheté et l'idiotie exagérées. Comment des peuples de 14 pays peuvent accepter de se faire insulter, écraser, mépriser et voler jusqu'au point de se faire prêter leurs propres réserves financières et avec intérêt par un pays étranger ou leur ex-colonisateur ? Et cela depuis 1961 jusqu'à ce jour. Trop, c'est trop. Désormais, cela doit cesser par un combat panafricain, par une révolution salvatrice. Bravo au peuple malien et à son Président Assimi Goïta qui se sont engagés dans cette voie. A quand les autres pays africains suivront-ils les Maliens ? Les voleurs, les bourreaux et les prédateurs sont dans leurs rôles. Il appartient aux victimes de jouer elles aussi leurs rôles révolutionnaires, la légitime défense obligeant. A bas la lâcheté ! A bas la bêtise ! A bas l'irresponsabilité ! Vive une Afrique digne, brave qui saura se faire respecter et craindre par ses ennemis, parce qu'elle saura se doter des armées les plus puissantes, des armes les plus redoutables, dissuasives, et parce qu'elle saura se constituer en un empire continental avec des héros patriotes.

Le droit de premier refus sur toute ressource brute ou naturelle découverte dans le pays

La France (et toujours la France, hélas !) a le premier droit d'achat des ressources naturelles de la terre de ses ex-colonies. Ce n'est qu'après que la France ait dit : « Je ne suis pas intéressée », que les pays africains qu'elle domine sont autorisés à chercher d'autres partenaires. Cela veut dire que les ex-colonies françaises sont les biens privés ou la chasse-gardée de la France. Cela explique pourquoi la France est si riche (en or, en diamant, en pétrole, en uranium, en bois…) et pourquoi les Français travaillent moins que les autres peuples européens qui n'ont pas de colonies à exploiter, à piller, à détruire.

Priorité aux intérêts et aux entreprises françaises dans les marchés publics et appels d'offres publics

Dans l'attribution des marchés publics, les entreprises françaises ont la priorité sur l'attribution. Même si les pays africains peuvent obtenir un meilleur rapport qualité-prix ailleurs. En conséquence, dans la plupart des ex-colonies françaises, tous les leviers économiques sont entre les mains des expatriés français. En Côte d'Ivoire, par exemple, les entreprises françaises possèdent et contrôlent tous les grands services publics dont l'eau, électricité, téléphone, transports, ports et les grandes banques. C'est la même chose dans le commerce, la construction et l'agriculture.

La domination géo-économique est omniprésente dans chaque ex-colonie d'Afrique. Elle se vit réellement et très concrètement au quotidien.

L'obligation d'utiliser le franc CFA (franc des colonies françaises d'Afrique)

Bien que ce système ne soit pas partagé par l'Union Européenne, les colonies françaises sont contraintes à utiliser exclusivement le CFA. La France a créé cette fausse monnaie (Hitler a fait la même chose à la France) pour exploiter ses colonies africaines et s'enrichir. Cela lui permet de voler les devises de ses colonies qui font du commerce international avec ça. Ainsi la France gagne plus de 500 milliards de dollars par an au détriment de ses colonies. Cela appauvrit ses colonies et les empêche de se développer, de s'industrialiser. On peut parler donc de crime et de dictature monétaires ici. Le franc CFA est fabriqué par la France à Chamalières mais n'est pas utilisable en France ni ailleurs (escroquerie). C'est le plus grand symbole du danger impérialiste ou la meilleure preuve de la domination et de l'exploitation coloniales de la France. Les Africains doivent abandonner cette pseudo-monnaie nocive et se créer leur propre monnaie continentale dans leur réunification économique et politique (création des Etats-Unis d'Afrique).

L'obligation d'envoyer en France un bilan annuel et un rapport d'état des réserves

Pas de rapport, pas d'argent. Le directeur des banques centrales des ex-colonies présente ledit rapport lors des réunions bisannuelles des ministres des Finances sur les ex-colonies. Ce rapport est ensuite compilé par la Banque de France et le Trésor français. C'est toujours la dictature et la prédation impérialistes et néo-colonialistes de la France en Afrique. Les Africains doivent maintenant s'opposer à ça. Trop c'est trop. La France abuse trop de la lâcheté, de la faiblesse et de l'idiotie des Africains qui se laissent trop manipuler, trop dominer, trop voler et trop escroquer par elle.

3

La Domination Géo-Culturelle

La domination géoculturelle occidentale est exposée par le pacte colonial ou les onze accords cyniques et léonins qui lient la France à ses ex-colonies africaines. A travers ce pacte colonial, la France a imposé sa culture aux Africains qu'elle a colonisés. Par exemple, la langue française est imposée comme langue officielle à toutes les ex-colonies françaises d'Afrique (Francophonie). Nos systèmes éducationnels (manuels, programmes scolaires et académiques), socio-politiques, socio-administratifs, sociojuridiques, socio-économiques, socioreligieux, militaires, nos modes de vivre, de penser et d'agir sont français. Les us et coutumes de la France triomphent en Afrique francophone. Tel est l'effet de l'impérialisme politico-culturel et de la colonisation-néocolonisation occidentaux. Ainsi on parle de francophonie, d'anglophonie, de spanophonie, de germanophonie, de lusophonie en Afrique. L'Afrique est européanisée. Elle a perdu son identité culturelle authentique, précoloniale. Officiellement, il n'y a plus d'africanité culturelle, axiologique en Afrique. Il n'y a plus que l'européanité imposée. L'Afrique est déracinée et aliénée par l'Occident (peau noire et masques blancs). Nous, Africains, sommes devenus des Blancs à la peau noire. Et nous sommes très fiers d'être comme tels. Ce culte de l'exotisme et du mimétisme servile est à son comble et délirant surtout chez les francophones. Il se traduit par l'intellectualisme et l'intellectocratie occidentalocentriques. L'Africain (le Nègre) a peur et honte de son africanité biologique, génétique, culturelle.

Il est foncièrement complexé vis-à-vis de la culture et de la race blanches. Il est atteint d'un complexe d'infériorité qui s'apparente au syndrome de Stockholm. Il aime, admire et adore son bourreau, son ennemi, son oppresseur, son prédateur, son assassin. Il est fasciné et obnubilé par la culture et la couleur de peau de son colonisateur qu'il bénit et glorifie. Son rêve le plus cher est d'être Blanc à cent pour cent. C'est un blancomane et un blancophile. Tel est le sens du mot progrès et du mot développement chez les Africains qui cherchent leur assimilation aux Blancs. « L'obligation de faire du français la langue officielle du pays et la langue pour l'éducation » n'est plus vraiment une obligation mais plutôt la source du plus grand plaisir, du plus grand bonheur, du progrès, du développement, du succès et de la prospérité des francophones-francophiles.

La domination géoculturelle de l'Occident va bien au-delà des « phonies » ou des langues. C'est un phénomène que l'on constate dans bien d'autres domaines de la vie. Cela s'étend jusqu'aux modes vestimentaires (tenues obligatoires), alimentaires, d'habitation, de mariage (la monogamie occidentale contre la polygamie africaine), de gouvernement (la république occidentale contre la monarchie et la chefferie africaines), de procréation (l'antinatalisme de M. Emmanuel Macron contre la croissance de la population africaine, espacement des naissances). Sur le plan de la morale, la domination géoculturelle de l'Occident sur l'Afrique est absolument catastrophique. L'influence occidentale est très nocive. Cela a transformé beaucoup d'Africains en homosexuels, en pédophiles, en satanistes, en francs-maçons, en rosicruciens, en chrétiens, en prostitués etc. Ainsi la débauche sous toutes ses formes ravage l'Afrique. L'immoralité et la criminalité ont gagné tous les aspects de la vie. Personne n'est plus en sécurité. Rien n'est plus en sécurité. L'Afrique est totalement gangrénée. Pas de paix ni d'harmonie en Afrique. La loi de la jungle règne allègrement partout. L'injustice, l'arbitraire, la violence et la malhonnêteté sont les règles générales. Ces vices sont érigés en lois nationales. Tous les Africains y sont soumis. L'Etat, la république, la démocratie, la nation sont fictifs. Ils ne sont pas réalisables. Aucune loi n'est respectée. La rigueur disciplinaire, le civisme, le nationalisme, le patriotisme ne fonctionnent pas. Gouvernants et gouvernés sont tous corruptibles. Toutes les institutions sont en panne. Elles sont corrompues. Elles sont aux ordres des gouvernants. La vie politique, économique et administrative est minée et désorganisée par l'indiscipline, l'incivisme, la tricherie, la déloyauté, l'abus du pouvoir, le trafic d'influence, la prévarication, le vol, la prédation, le pillage, le mensonge, le racket, le népotisme, le favoritisme, le tribalisme, le clanisme. C'est la société ultracapitaliste qui rime avec l'anarchie, la chienlit et le chaos. Tout est vendable et achetable. Tout le monde est achetable et vendable. La pratique politique n'a aucune valeur ni aucun sens puisqu'elle repose sur l'immoralité, le cynisme, la barbarie, la sauvagerie, l'injustice, l'arbitraire, la violence, le mal. C'est de la bellocratie, de la barbarocratie, de la mythocratie, de la kleptocratie (le règne par la guerre, la barbarie, le mensonge, le vol). C'est un système de guerre civile, de coups d'Etat, de rébellion armée, d'esclavage, de colonisation-néocolonisation. Le tout est au service de l'Occident. C'est lui qui manipule tout le monde. C'est lui qui fait agir tout le monde et qui tire profit de tout cela. C'est un pompier pyromane. C'est lui qui organise tout. Tous les acteurs politiques sont ses marionnettes. Ils sont tous à ses ordres. Il est leur patron suprême, leur arbitre général. Il donne les moyens à tous les acteurs de se battre, de s'entretuer à son profit. C'est dans le chaos général qu'il prospère et s'enrichit davantage (voir les cas de Rwanda, RDC, Côte d'Ivoire, Liberia, Sierra Leone, Mali, Burkina Faso…). Il développe le terrorisme partout. Il divise les peuples, les affaiblit pour régner. Cela est écrit dans sa charte impérialiste. C'est sa doctrine, son idéologie ou sa philosophie de prédation et d'impérialisme.

La Philosophie De La Domination Occidentale Sur Le Monde

Sachons que le crime suprême des oligarques et des ploutocrates occidentaux est le génocide planétaire en cours qui traduit leur volonté satanique d'assassiner les trois quarts de la population mondiale. Cela a démarré en mars 2021 avec la création du corona virus, de la pandémie de covid-19, de la thérapie génique ou vaccins obligatoires contre la covid-19, du passeport sanitaire. C'est du terrorisme bactériologique comme guerre silencieuse contre toute l'humanité. Les instigateurs, les idéologues et les théoriciens de ce vaste complot criminel des mondialistes francs-maçons sont des oligarques capitalistes comme Bill Gates, Jacques Attali (in L'Avenir de la vie), George Soros, Klauss Schwab (in the Grand Reset), Rockefeller, Rockchild, la Couronne britannique…Que visent-ils ? Ils visent à supprimer l'humanité et la civilisation. Ils veulent remplacer les êtres humains par des posthumains ou des hommes augmentés grâce à leur technologie très avancée (l'intelligence artificielle). Cette activité scientifique et technique s'appelle le transhumanisme. C'est de l'eugénisme ou élitisme. Cela obéit à la loi capitaliste de la productivité ou de la rentabilité accrue. Il s'agit pour les oligarques de gagner encore plus d'argent à l'aide des machines, des robots et des zombies qui seront plus efficaces, plus productifs, plus rentables que nous, les humains ordinaires. C'est pourquoi ils veulent supprimer les trois quarts des êtres humains normaux, naturels, qu'ils jugent incompétents, inefficaces, improductifs, non rentables (logique capitaliste). C'est aussi la raison pour laquelle ils interdisent désormais la procréation naturelle par le biais de la copulation ou de l'union d'un homme et d'une femme. Ils veulent fabriquer des monstres dans leurs laboratoires par le mélange des gènes humains et animaux. La loi biotique du Président Emmanuel Macron, qui est un antinataliste, un franc-maçon, un mondialiste eugéniste et transhumaniste, vise à créer des monstres, des êtres sans pères ni mères, à la fois humains et animaux. Telle est la catastrophe de notre siècle. Tout cela s'appelle élogieusement la démocratie ou la Nouvelle Normalité dans le monde unipolaire que les pays du Brics combattent légitimement à mort. C'est le sens de la présente guerre entre la Russie du Président Vladimir Poutine et l'Ukraine du

Président Zelenski. C'est la guerre entre la civilisation et l'immoralité-criminalité. Les pays du Brics défendent, protègent, sauvegardent l'humanité dans son état pur, naturel, authentique, dans son intégrité. Ils défendent et protègent également la civilisation et son fondement qu'est la morale ascétique, kantienne (l'homme est une fin en soi et pour soi, un être sacré, divin). Les pays occidentaux impérialistes, ultracapitalistes dont les dirigeants font le culte de Satan (pédo-satanistes, francs-maçons et mondialistes) n'entendent pas ça de leurs oreilles. Ils sont dans la morale élitiste, aristocratique, tragique ou immoralisme de Nietzsche. L'auteur de Ainsi parlait Zarathoustra et du Nihilisme européen dira que les pays du Brics sont nihilistes parce qu'ils combattent la barbarie, la sauvagerie, l'esclavage, la domination de l'Occident, l'impérialisme et le colonialisme. Nous condamnons et combattons fermement, nous aussi, la politique des oiseaux de proie et des bêtes blondes. Nous sommes contre Nietzsche qui fait l'apologie du nazisme, de la cruauté et des affres du capitalisme.

4

La Domination Géo-Religieuse

Nous voulons montrer ici comment l'Occident utilise la religion comme instrument de domination en Afrique. Avant la colonisation de l'Afrique par l'Occident, les Africains n'étaient pas religieux mais spiritualistes. Il n'y avait pas d'églises, de temples, de basiliques, de cathédrales en Afrique. Il n'y avait pas de prêtres, de pasteurs en Afrique. Les Africains pratiquaient librement leur spiritualité ancestrale. Ils étaient en paix, en sécurité et heureux. La spiritualité africaine que les Occidentaux méprisants appellent animisme exprime une très grande sagesse, c'est-à-dire la perfection intellectuelle, scientifique, morale, métaphysique. L'animisme est la connaissance objective de la nature, de l'univers, de la société et de l'homme. L'animisme définit la nature, l'univers, la société et l'homme. Il les conçoit comme des forces, des faisceaux de lois qui agissent puissamment sur l'homme et sur chaque chose. L'Africain voit le monde comme quelque chose de dynamique et non de statique. Le monde, c'est de l'énergie en action, en mouvement permanent, constant. D'où tout change. Rien n'est stable, figé, immuable dans son état. L'Africain a une vision dialectique du monde. Il pense que tous les êtres sont interdépendants et qu'ils forment une unité fondamentale, harmonieuse, organique, fraternelle. C'est le grand Tout cohérent, dynamique. L'Africain n'accepte pas la division, l'opposition, les conflits, les tensions, la séparation, l'individualisme. Pour lui, l'homme, la plante, l'animal, le minéral, l'air, l'eau, la terre sont constitués des mêmes éléments physiques, chimiques, de l'énergie. Chaque élément de ce très vaste ensemble, de ce grand Tout, est absolument intégré à tous les autres éléments. Il n'existe pas comme individu mais comme un tout cohérent. Il a besoin de préserver, de maintenir cette solidarité et cette unité fondamentale, primordiale pour pouvoir vivre. Ton prochain, c'est toi. Autrui n'existe pas. Autrui, c'est toi. Toi et lui, vous formez un seul et même être. Vous êtes identiques, consubstantiels. Vous êtes une seule et même entité (énergie en action). Du coup, si tu lui fais du mal, c'est à toi-même que tu as fait ce mal. Cela retombe sur toi.

Ainsi ce que tu refuses à autrui, par jalousie, ne viendra pas chez toi. Mais fais-lui du bien et cela te reviendra multiplié par cent. Tu es donc condamné à faire uniquement du bien et à rendre constamment les autres heureux. C'est la condition absolue de ton propre bonheur et de ton salut. Ainsi la loi du bonheur dans ce monde est l'amour du prochain. Cet amour consiste à donner sans rien attendre en retour. Donner procure le bonheur. Cela enrichit celui qui donne. Donner, c'est recevoir. L'amour se traduit par la compassion, l'empathie, la solidarité, l'altruisme, la charité, le non-égoïsme, le don de soi, l'abnégation. Cela s'appelle le vivre ensemble, la sociabilité. Une goutte d'Océan qui empoisonne l'Océan dans lequel elle se trouve ne sera pas heureuse. Elle s'est empoisonnée elle-même. Elle s'est suicidée. Un grain de sable ne peut exister sans être soudé, collé aux autres grains de sable dont l'ensemble forme la terre comme un tout cohérent, organique, un bloc compact, indissociable.

Ainsi l'Africain respecte la vie de tout être ou l'énergie qui constitue ce dernier. Nous sommes tous doués également de la même énergie cosmique. L'Africain croit très fermement et à raison que tout être, ou toute chose, possède la vie, c'est-à-dire cette force ou puissance redoutable qu'est l'énergie. Par conséquent, il supplie les plantes avant de les couper, de leur faire du mal par nécessité vitale (besoin de se soigner, de se nourrir, de faire un champ, de construire une maison, une route). Il leur demande pardon pour cela. Il parle aux plantes qu'il doit détruire. Il leur donne de l'eau à boire ou quelques gouttes de liqueur. Il leur fait une offrande. C'est un geste de paix, de réconciliation (libation). N'est-ce pas sage, prudent ? Les Occidentaux appellent cela animisme, paganisme, religion agraire. C'est méprisant, insultant. C'est le signe de leur ignorance, de leur débilité mentale, de leur méchanceté, de leur barbarie ou immoralité (absence de civilisation). Il ne s'agit pas de religion ici. Il s'agit bien plutôt de la plus haute forme de spiritualité qui repose sur la connaissance objective, expérimentale, de l'essence et de la valeur des êtres et des choses comme la nature, la vie, l'homme, le végétal, l'animal, l'eau, l'air, la terre, le feu. Ces choses existent et vivent sous le mode d'énergie qu'il faut respecter. Ce ne sont pas des fictions théologiques, métaphysiques, des illusions, des mensonges, des dogmes, des préjugés. C'est plutôt la religion des Occidentaux qui est constituée de ces choses condamnables, nuisibles. La religion repose sur la croyance en Dieu (ou en des dieux) auquel on voue un culte (adoration) à travers des rites. C'est une institution à caractère social, politique et économique. La religion est reconnue par la loi juridique, étatique. Elle fonctionne sur la base du droit positif, d'une manière officielle (Etat islamique, le Vatican, la théocratie...).

C'est en tant qu'instrument, arme ou activité géopolitique et géostratégique que la religion judéo-chrétienne est arrivée en Afrique. Elle est une arme de conquête impérialiste pour faciliter la soumission, la domination, le contrôle et l'exploitation des Africains. Elle a favorisé la colonisation et l'esclavage (la Traite négrière). Le Pape Nicolas a béni et encouragé l'esclavagisation des Noirs. L'église catholique de Rome (Vatican) s'est enrichie par le pillage des biens économiques de l'Afrique. Des missionnaires ont parcouru toute l'Afrique en conquérants, pour évangéliser et convertir brutalement les Africains et les Africaines au christianisme. Cela consiste à leur laver le cerveau, à les rendre dociles, manipulables, idiots, imbéciles, à les infantiliser par des blagues, des baratins, des mythes, des légendes juifs, des dogmes à effet d'opium. Il s'agit d'endormir leur conscience, de supprimer leur esprit critique, de les empêcher de réfléchir, de comprendre les torts et tout le mal qui leur sont faits. Il s'agit pour les religions de tout faire pour les empêcher de se révolter et de combattre la prédation, l'oppression, l'esclavage, la colonisation et l'impérialisme dont ils sont victimes. Le code noir de Colbert et le discours du roi belge Leopold II à ses missionnaires au Congo le montrent si bien. La religion est absolument l'opium des peuples, des esclaves et des colonisés. Cela ne trompe plus personne. L'Afrique est aujourd'hui envahie et ravagée par des religions. Les deux plus grandes religions conquérantes que sont l'Islam et le christianisme rivalisent d'ardeur et d'influence dans leur prosélytisme en Afrique. Elles créent des guerres et du terrorisme en Afrique (djihadisme).

Au nombre de ces dégâts de domination, d'exploitation et de prédation, il convient d'ajouter le poids combien nuisible des sectes mystiques et des loges maçonniques. La plupart des Chefs d'Etat, des Présidents, des politiciens africains sont des francs-maçons et des mondialistes. C'est surtout par eux que l'Occident impérialistes, colonialistes et esclavagiste passe pour détruire, piller, génocider les peuples africains. Ils sont manipulés comme des marionnettes et des valets par les oligarques et les ploutocrates capitalistes occidentaux. Attention à la franc-maçonnerie en Afrique ! C'est du satanisme. C'est le pire ennemi de l'humanité, de la civilisation, de l'humanisme, de la morale et de la terre. Le corona virus, la fièvre Ebola, le SIDA, le paludisme, la covid-19, les vaccins obligatoires mortifères et stérilisants sont les faits des francs-maçons mondialistes.

5

La Domination Géostratégique

La France et les USA ont des bases militaires en Afrique et ailleurs. Mais les Africains n'ont pas de bases militaires en France ni en Amérique. Ils ne peuvent envoyer leurs soldats se positionner en Occident. Cela est très injuste. Cela signifie que l'Afrique est dominée géostratégiquement et géopolitiquement. Les Etats occidentaux sont des conquérants et des prédateurs. Ce sont des oiseaux de proie et des bêtes blondes. Ils ne vivent que de l'impérialisme, de l'esclavage, du colonialisme. Pour s'en convaincre, il faut lire le code noir de Colbert, la charte de l'impérialisme et le pacte colonial de De Gaulle. Tous ces actes traduisent la domination géomilitaire, la prédation, la barbarie, la sauvagerie, l'immoralité, l'inhumanité. L'Occident est foncièrement belliqueux, violent, raciste, méchant et cruel. Il est habité par l'esprit de mal, par l'esprit satanique, démoniaque. L'esclavagisation, la colonisation et la néocolonisation des Africains dont il est coupable proviennent de là. La volonté de domination, de puissance, l'instinct d'agression, de mort sont inscrits dans les gènes, les chromosomes, l'esprit et la culture des Occidentaux. L'injustice, l'arbitraire, le cynisme et le sadisme le sont également. Tel est le fondement du monde capitaliste et unipolaire qui dure depuis sept siècles. Devons-nous laisser cela continuer ad aeternam ?

Non. L'heure de combattre ce mal tenace et de construire un monde multipolaire, égalitaire, juste, salutaire pour tous les faibles et les dominés de la terre a sonné. Il est temps pour l'humanité entière de lutter pour abolir ce monde satanique, oligarchique et franc-maçonnique. Nous devons maintenant créer un nouveau monde pour la paix et la sécurité internationales, la justice, l'égalité, la liberté et la fraternité universelles. Nous devons créer un nouveau monde dans lequel il n'y aura plus ni de tiers-monde ni de maîtres ni d'esclaves ni de pauvres ni de richissimes ni de dominés ni de dominateurs ni de faibles ni de forts ni d'inférieurs ni de supérieurs ni de colonisés ni de colonisateurs ni de développés ni de sous-développés ni de Sud ni de Nord etc. Il s'agit de créer une république universelle des fins et des valeurs sublimes et ascétiques comme l'amour du prochain, le respect de la dignité de chaque personne, le respect de sa vie et de ses droits inaliénables, la compassion, l'empathie, la solidarité, l'altruisme, la charité, le don de soi, le renoncement, la bonté, la générosité, la tolérance, le désintéressement.

L'humanité et la civilisation doivent renaître de leurs cendres. L'humanisme et la morale ascétiques doivent triompher des vices et des valeurs négatives qui sont celles de l'oligarchie capitaliste internationale. La cupidité meurtrière, l'exploitation cynique de l'Afrique et l'oppression de l'homme par l'homme doivent disparaître de la terre. Le manichéisme politico-religieux doit cesser. Ce sont là les causes majeures de tous les maux, de tous les crimes, de tous les drames, de tous les dangers, de tous les malheurs et de toutes les souffrances de l'humanité moulée dans le monde unipolaire. Ce monde unipolaire est dominé et dirigé par des mondialistes nazis et francs-maçons. C'est sans doute ce combat titanesque mondial (la troisième guerre mondiale) que mènent farouchement et héroïquement les pays du Brics contre le bloc occidental. Les oiseaux migrateurs et les insectes ailés (chauves-souris, moustiques) naturels et artificiels qui donnent la mort et la maladie ne doivent plus exister dans le monde. Tous les vecteurs ou transmetteurs de virus qui se fabriquent dans des laboratoires des mondialistes (corona virus,

Ebola, SIDA) doivent disparaître de la terre avec leurs fabricants. Président Vladimir Poutine a déjà détruit pas mal de laboratoires sataniques fabriquant ces vecteurs pathogènes en Ukraine au cours de son opération de police spéciale. Cependant beaucoup reste à faire encore. Et c'est toute l'humanité qui doit mener ce combat jusqu'à la victoire totale. Chacun a le devoir impérieux et sacré d'y contribuer efficacement à son niveau personnel. Chaque nation de la terre doit y contribuer. C'est par l'union sacrée, la solidarité, le courage, la détermination et la bravoure que ce combat sera gagné et que le diable mondialiste sera vaincu.

Pourquoi les Africains n'ont pas créé des moyens dangereux, des armes de destruction massive, des bombes nucléaires, des armes bactériologiques (terrorisme biologique), la thérapie génique, des vaccins stérilisants, mortifères pour décimer, génocider les peuples occidentaux comme eux le font tous les jours contre le monde entier ? Ils ne le font pas pour deux raisons essentielles. La première est qu'ils n'en ont pas besoin. Nécessité ne fait-elle pas loi ? La technique est la fille du besoin. Contrairement aux Occidentaux qui mourraient tous de faim, de pauvreté, de misère s'ils n'avaient pas envahi, pillé, volé l'Afrique, les Africains se suffisent à eux-mêmes. Ils sont très bénis par Dieu et très gâtés par la nature. Ils sont comblés de biens et de richesses. Leurs sols et sous-sols regorgent de matières premières stratégiques. Ils possèdent les choses les plus précieuses de la terre (or, diamant, uranium, bois, fer, cobalt, manganèse, Coltrane, pétrole, eaux, soleil). Ils ont la puissance économique et physique. On ne cherche pas ce qu'on possède déjà. La deuxième raison est que la culture, la civilisation, la spiritualité et la morale de l'Africain sont contre le mal, la méchanceté, le vol, le brigandage, le mensonge, l'agression, l'invasion, la colonisation, l'impérialisme, l'esclavage, le matérialisme. L'Africain est foncièrement spiritualiste et humaniste. C'est un moralisateur qui s'interdit de faire du mal ou du tort à son prochain. Ainsi l'Africain est bon, hospitalier. L'étranger est roi chez lui. C'est un dieu ou un génie qu'il adore et rend heureux. L'être humain et sa dignité sont des valeurs absolues et sacrées pour l'Africain. Il leur doit un respect scrupuleux, total et sans faille. Même s'il est très pauvre ou miséreux, il ne peut pas se permettre d'aller agresser, conquérir, tuer, voler, piller, esclavagiser et coloniser d'autres êtres humains. Le peuple africain est un héros en morale. C'est un peuple pur et saint par rapport aux autres peuples de la terre. Il n'est pas prédateur, génocidaire, misonéiste, manichéen, fermé sur lui-même. Il est très ouvert aux autres peuples. Il est accueillant, généreux, fraternel, solidaire, compatissant. Il n'est pas malhonnête, hypocrite. Il tient absolument à son honneur et à sa dignité. Il aime la paix, l'harmonie, la justice. Il est désintéressé, altruiste, charitable, sociable.

L'Africain est communisant. Il n'est pas égoïste, individualiste. Il est rassembleur et non diviseur. Il a horreur des conflits, de la violence, de la guerre. Il est pacifique, convivial. Il respecte et adore la vie qu'il considère comme une valeur sacrée, absolue, comme le bien le plus précieux qu'il faut préserver à tout prix. Pour lui, la vie est partout. Elle est dans tous les êtres. Même les morts sont toujours vivants. La vie est un don de Dieu. Par conséquent, nul n'a le droit de la profaner, de la mépriser, de la gaspiller ni de jouer avec. La morale dite chrétienne appartient à l'Afrique. Les fameux dix commandements de Dieu sont aux Africains. « Tu ne tueras pas », « Tu ne voleras pas », « Tu ne commettras pas d'adultère », « Tu ne porteras pas de faux témoignages », « Tu ne convoiteras point la maison de ton prochain, tu ne convoiteras point la femme de ton prochain, ni ton serviteur, ni sa servante, ni son bœuf, ni son âne, ni aucune chose qui appartienne à ton prochain » …Tout cela est enseigné par la déesse égyptienne du temple d'Isis à travers ses 42 idéaux (5000 ans avant l'ère chrétienne).

1. J'honore la vertu
2. Je profite avec gratitude
3. Je suis en paix
4. Je respecte la propriété d'autrui
5. J'affirme que toute vie est sacrée

6. Je donne des offrandes véritables
7. Je vis dans la vérité
8. Je regarde tous les autels avec respect
9. Je parle avec sincérité
10. Je ne consomme que ma juste part
11. J'offre les messages de bonnes intentions
12. Je raconte dans la paix
13. J'honore les animaux avec respect
14. Je peux faire confiance
15. Je me soucie de la terre
16. Je garde mon propre conseil
17. Je parle de façon positive des autres
18. Je reste en équilibre avec mes émotions
19. Je suis confiant dans mes relations
20. Je tiens en haute estime la pureté
21. Je répands la joie
22. Je fais du mieux que je peux
23. Je communique avec compassion
24. J'écoute des opinions opposées
25. Je crée l'harmonie
26. J'invoque le rire
27. Je suis ouvert à l'amour sous diverses formes
28. Je suis indulgent
29. Je suis peu
30. J'agis de manière respectueuse vis-à-vis des autres
31. J'accepte
32. Je suis ma guidance intérieure
33. Je converse avec la sensibilisation
34. Je fais le bien
35. Je donne des bénédictions
36. Je garde les eaux pures
37. Je parle avec de bonnes intentions
38. Je loue la Déesse et le Dieu
39. Je suis humble
40. Je réalise avec intégrité

41. J'avance à travers mes propres capacités
42. J'embrasse le Tout

Ajoutons à ces idéaux les 77 commandements de Maât susceptibles d'améliorer la mentalité humaine et d'aider à supprimer le monde unipolaire au profit d'un monde multipolaire. Nous fournissons des armes morales et humanistes contre la barbarie et la domination militaire, impérialiste, colonialiste de l'Occident.

1. Tu ne causeras aucune souffrance aux humains
2. Pour assouvir ton ambition, tu n'intrigueras pas
3. Tu ne dépouilleras point de sa subsistance, une personne pauvre
4. Tu ne feras pas d'actes condamnés par les Dieux
5. Tu ne causeras aucune souffrance aux autres
6. Tu ne voleras pas les offrandes des temples
7. Tu ne voleras pas le pain destiné aux Dieux
8. Tu ne voleras pas les offrandes destinées aux esprits sanctifiés
9. Tu ne commettras aucun acte honteux dans l'enceinte sacrée des temples
10. Tu ne pécheras pas contre nature avec quelqu'un comme toi
11. Tu n'enlèveras pas le lait de la bouche d'un enfant
12. Tu ne pècheras pas un poisson en utilisant un enfant comme appât
13. Tu n'éteindras pas le feu quand il devrait brûler
14. Tu ne violeras pas les lois sur les offrandes de viande
15. Tu ne prendras pas possession des propriétés des temples et des Dieux
16. Tu n'empêcheras pas un Dieu de se manifester
17. Tu ne causeras pas les pleurs
18. Tu ne feras pas de signes dédaigneux
19. Tu ne te fâcheras pas ou, sans cause, n'entreras pas dans une dispute
20. Tu ne seras pas impur
21. Tu ne refuseras pas d'écouter justice et vérité

22. Tu ne blasphémeras pas
23. Tu ne mentiras pas par un flot de paroles
24. Tu n'auras pas de langage méprisant
25. Tu ne maudiras pas une Divinité
26. Tu ne tricheras pas sur les offrandes faites aux Dieux
27. Tu ne gaspilleras pas les offrandes faites aux morts
28. Tu ne t'empareras pas de la nourriture des enfants et tu ne devras jamais mentir
29. Tu ne tueras pas les animaux divins avec une intention mauvaise
30. Tu ne tromperas pas (tu ne tricheras pas)
31. Tu ne voleras ni ne pilleras
32. Tu ne déroberas pas
33. Tu ne tueras pas
34. Tu ne détruiras pas les offrandes
35. Tu ne diminueras pas les arpentages
36. Tu ne voleras pas les propriétés appartenant aux Dieux
37. Tu ne mentiras
38. Tu ne déroberas ni nourriture ni trésors
39. Tu ne causeras pas de douleur
40. Tu ne forniqueras avec le fornicateur
41. Tu n'agiras pas malhonnêtement
42. Tu ne transgresseras pas
43. Tu n'agiras pas avec malice
44. Tu ne voleras pas les terres des fermiers
45. Tu ne dévoileras pas les secrets
46. Tu ne feras pas la cour à une femme mariée
47. Tu ne dormiras pas avec une autre épouse
48. Tu ne causeras pas de terreur
49. Tu ne te rebelleras pas
50. Tu ne seras pas la cause de colère ou d'emportement
51. Tu n'agiras pas avec insolence
52. Tu ne causeras pas de différends (mauvaises compréhensions)
53. Tu ne me jugeras pas (tromperas pas) ou tu ne jugeras pas hâtivement

54. Tu ne seras pas impatient
55. Tu ne causeras pas de maladies ou blessures
56. Tu ne maudiras pas un roi
57. Tu ne troubleras pas l'eau à boire
58. Tu ne déposséderas pas
59. Tu n'useras pas de violence contre la famille
60. Tu ne fréquenteras pas les personnes violentes
61. Tu ne substitueras pas l'injustice à la justice
62. Tu ne commettras pas de crimes
63. Tu ne feras pas les autres travailler plus pour le même gain
64. Tu ne maltraiteras pas tes serviteurs
65. Tu ne proféras pas de menace
66. Tu ne permettras pas à un maître de maltraiter un serviteur
67. Tu ne provoqueras pas de famine
68. Tu ne te fâcheras pas
69. Tu ne tueras pas ou ordonneras pas un meurtre
70. Tu ne commettras pas d'actes abominables
71. Tu ne commettras pas de trahison
72. Tu ne tenteras pas d'augmenter ton domaine en usant de moyens illégaux
73. Tu n'usurperas pas les fonds et propriétés des autres
74. Tu ne saisiras pas de bestiaux dans les prairies
75. Tu ne prendras pas au piège les volailles destinées aux Dieux
76. Tu ne feras pas obstruction à l'écoulement de l'eau
77. Tu ne dois pas briser les digues établies pour l'eau courante

6

La Domination Scientifique, Philosophique Et Idéologique

Certaines disciplines et certaines pratiques académiques et scolaires favorisent, facilitent, soutiennent l'aliénation, l'esclavagisation, l'oppression, l'exploitation et la domination des Africains par l'Occident. Elles trompent, manipulent, infantilisent les Africains. L'anthropologie, l'ethnologie, l'histoire, la psychologie et la philosophie enseignées aux Africains par les chercheurs, les savants, les penseurs occidentaux sont fondées sur le mensonge, la tromperie, la malhonnêteté intellectuelle. Leur intention et leur but sont la falsification des choses, des faits. Ainsi elles véhiculent des contre-vérités et des préjugés racistes qui justifient, légitiment, encouragent l'esclavage, la colonisation et la volonté de domination et l'impérialisme. Les travaux des anthropologues, des historiens et des philosophes racistes, négrophobes ont caricaturé, insulté, calomnié, dénigré les Africains. Ces œuvres sont très dangereuses et nuisibles. Ce sont des armes de destruction massive contre les Noirs. Ce sont des bombes nucléaires servant le terrorisme intellectuel, idéologique, académique et scolaire. Ces œuvres sont des poisons mentaux et spirituels. Elles doivent disparaître de nos enseignements en Afrique. C'est absurde qu'à l'heure où les patriotes africains revendiquent l'indépendance, la décolonisation, la libération des Africains, nos écoles et nos universités continuent d'enseigner et de louer les pensées des auteurs occidentaux racistes et négrophobes comme Hegel (La Raison dans l'histoire), Voltaire, Montesquieu, Lévy-Bruhl, Arthur Gobineau, Victor Hugo, Nietzsche, Charles Darwin et tant d'autres. Il faut changer le contenu de nos programmes scolaires et académiques. Une révolution intellectuelle et culturelle s'impose aux Africains aujourd'hui, dans la dynamique patriotique et panafricaniste.

Notre combat pour la souveraineté, l'autonomie, l'autodétermination en vue de la renaissance de l'Afrique nous impose l'impérieux devoir de désintoxiquer les esprits, de désaliéner les Africains, de les sortir du complexe d'infériorité. Ce travail consistera, d'une part, à supprimer notre intoxication mentale, intellectuelle, par l'abandon des œuvres toxiques, mensongères, racistes, méprisantes, infériorisantes et insultantes des penseurs occidentaux (ennemis) et, d'autre part, à nous replier sur nous-mêmes. Nous ne devons plus utiliser les armes de nos ennemis contre nous (leurs chevaux de Troie). Nous devons cesser de coopérer avec eux. Nous ne devons plus accepter leur autorité intellectuelle injuste, illégitime, malhonnête et toxique basée sur des dogmes, des préjugés, l'obscurantisme, des faussetés, des illusions, des mensonges. Coupons le cordon ombilical avec tous les pseudo-intellectuels ou savants vénérés et adorés jusqu'à ce jour en Afrique (le syndrome de Stockholm). Sortons de cette fascination suicidaire, génocidaire et catastrophique, de ce mimétisme servile et de l'exotisme académique macabre. Les penseurs et les chercheurs occidentaux ne doivent pas être nos maîtres, nos références. Ils sont nos bourreaux et ennemis. Ils sont incompétents, malhonnêtes et méchants. Ils pensent mal et faux. Ce sont des soldats et des mercenaires de leurs pays. Ainsi leurs travaux manquent totalement d'objectivité, de neutralité, d'impartialité scientifiques. Ils sont des idéologues, c'est-à-dire des pseudo- agents de la connaissance. Ils sont au service du mal et du diable. Ils sont immoraux, cyniques. Ils cautionnent la barbarie. Ils sont contre la civilisation et le monde multipolaire basé sur la vérité, la justice, la liberté, l'égalité, la fraternité, la solidarité, l'harmonie, l'amour du prochain, la compassion.

La révolution intellectuelle panafricaine exige la refondation de l'école en Afrique. Il s'agit de refonder tout le système pédagogique, didactique et académique. Utilisons désormais nos propres moyens, outils, pensées, documents, découvertes etc. Faisons-nous confiance. Aimons ce que nous produisons pour nous-mêmes. Nos intellectuels, chercheurs, penseurs, sachants sont très nombreux et très compétents. Ils sont très honnêtes et objectifs. Ce sont des génies hors pair (Cheikh Anta Diop, Jean-Philippe Omotunde, Théophile Obenga, Mbog Bassong, Joseph Ki-Zerbo, Doumbi Fakoli…). Ils peuvent sauver l'Afrique. Mais ils sont négligés, oubliés, persécutés, massacrés au profit de nos bourreaux. C'est très dommage ! C'est très malheureux ! C'est très honteux ! Quel gâchis ! L'impérialisme et le colonialisme sont toujours omnipotents en Afrique. Ils tiennent la vie intellectuelle et la pratique académique entre leurs griffes. Ils décident, gèrent et contrôlent tout chez nous, à leur avantage. Nos dirigeants politiques ne sont que leurs valets, leurs vassaux, leurs marionnettes, leurs chevaux de Troie. Ils sont placés à la tête de nos pays pour exécuter leurs quatre volontés impérialistes et colonialistes (le pacte colonial). La raison du plus fort et du prédateur-dominateur est toujours la meilleure dans ce monde unipolaire. C'est pourquoi nous voulons un monde multipolaire, égalitaire, qui nous donnera la chance, le pouvoir et le droit de choisir les valeurs, les paradigmes qui nous seront utiles et salutaires. Il faut que l'Afrique sorte de ce monde des dictateurs, des bourreaux et des prédateurs qui fonctionne par l'injustice, l'arbitraire, la barbarie, la guerre, le mensonge et la fausseté. Nous dénonçons et condamnons cela de toutes nos forces. Nous n'avons pas besoin de l'auto-négrophobie dans nos écoles ni dans nos universités. Il n'appartient point aux Africains de dénigrer ni de condamner la culture africaine. Ce n'est point normal ni logique pour nous de dénier l'humanité aux Africains comme le font les Occidentaux. Or c'est précisément ce que nous faisons en enseignant les idéologies, les fausses sciences sociales, humaines, les fausses philosophies étrangères et ennemies à nos jeunes à l'école. Nous leur apprenons ainsi à se haïr, à se détester et à se réfugier chez les Occidentaux. Nous leur enseignons que les Africains (qu'ils sont) sont méchants, laids, ignorants, illettrés, analphabètes, sauvages, honteux, indignes, qu'ils ne méritent pas de vivre, qu'ils méritent d'être toujours esclavagisés, colonisés, dominés, exploités, humiliés par les Blancs. Nous leur apprenons que leur bonheur et leur salut sont dans leur occidentalisation ou assimilation aux Blancs. Nous leur enseignons qu'ils sont des animaux ou des sous-hommes, sans culture, sans civilisation. Tout notre langage scolaire et académique est occidentalocentrique et négrophobe. Cela méprise et condamne le Noir. C'est trop grave, trop dangereux. Est-on pour l'extinction de la race, de la culture et de la civilisation noires ? Si la réponse de tous les Africains est NON, alors nous devons redonner confiance, espoir, estime de soi, aux jeunes Africains en les éduquant autrement. Il nous faut les amener à s'aimer, à accepter la culture et la civilisation que leurs ancêtres leur ont léguées. Il faut les amener à vouloir perpétuer cela avec fierté et plaisir. Il y va de l'avenir et de la sauvegarde de notre continent et de ses paradigmes. C'est pourquoi nous avons créé cette école révolutionnaire, patriotique et panafricaniste intitulée l'Afrocratisme. Etymologiquement, cela veut dire : la doctrine selon laquelle les Africains doivent se gouverner eux-mêmes selon leurs propres paradigmes et sagesse traditionnels, ancestraux. L'Afrocratisme exclut toute domination étrangère. Notre école veut la décolonisation, l'indépendance et la libération totales des Africains (politiquement, économiquement, socialement, culturellement). L'Afrocratisme est une pensée pour reconstruire, développer l'Afrique. C'est une idéologie de la promotion et de la renaissance africaines qui combat l'occidentalocentrisme.

7

La Domination Communicationnelle

L'Occident règne sur l'Afrique grâce à des moyens très redoutables et très terrifiants qu'il s'est donnés. Il possède des armes de destruction massive telles que les bombes nucléaires, bactériologiques, géologiques…Ses troupes militaires sont en Afrique ainsi que ses media menteurs, intoxicants et manipulateurs (radiodiffusion, télévisions, réseaux sociaux…). La France et l'Angleterre manipulent leurs esclaves ou colonisés africains par leurs media comme Le Monde, le Figaro, BFM TV, RFI, France 24 (France), BBC (Angleterre). Ces media classiques sont complétés par Facebook, WhatsApp, Twitter, Tik Tok, Telegram, Messenger, Google, YouTube, Amazon etc. La guerre impérialiste, esclavagiste et colonialiste est très intensifiée, activée et organisée par la propagande démagogique médiatique. C'est la communication géo-médiatique. C'est la lutte idéologique et géopolitique. Les Africains sont toujours très malmenés. Ils consomment sans cesse des flots d'information toxiques et abrutissants inondant leur continent. Ces informations mensongères sont reprises et renforcées par leurs propres media officiels, locaux comme radiodiffusion, télévisions, journaux nationaux, gouvernementaux visant la soumission et l'oppression populaires.

Cela façonne, lobotomise et formate les Africains en les transformant en moutons de Panurge et en zombies. La domination géomédiatique est une grande source d'aliénation mentale, intellectuelle et culturelle. Ses dégâts sont énormissimes sur les mœurs et les coutumes africaines. La dépravation des mœurs, la perversion ou déshumanisation des Africains en sont les conséquences directes. Ainsi tous les paradigmes et toutes les valeurs africaines sont abandonnés au profit de la modernité occidentale nocive (exotisme, mimétisme servile et avilissant). Les médias occidentaux sont les gendarmes du monde unipolaire, c'est-à-dire les moyens de contrôle, de surveillance, de censure, de répression ou de sanction des comportements des Africains. En effet, c'est grâce aux enquêtes et aux rapports réalisés par ces médias (espions) que les dirigeants impérialistes et colonialistes sanctionnent les Présidents africains qui sont leurs valets, marionnettes ou vassaux. Les journalistes occidentaux parcourent l'Afrique dans tous les sens, nuit et jour, pour demander des comptes à nos gouvernants. Ils ont leurs yeux dans leurs plats quotidiens. Ils sont les ponts qui relient les dirigeants occidentaux et les Présidents africains. Ce sont des mercenaires au service des bourreaux et des prédateurs. Leur rôle est très nocif. En effet, ils favorisent la prédation économique et la domination coloniale de l'Afrique. Ils dénoncent nos Présidents patriotes, rebelles ou résistants, à leurs patrons oligarques, impérialistes pour les faire persécuter, chasser du pouvoir ou assassiner. Dans certains pays africains, ou ailleurs, l'on punit des journalistes étrangers à la solde de l'impérialisme occidental. C'est de la légitime défense. C'est de bonne guerre. Cela s'est passé en Côte d'Ivoire, sous le régime du Président Laurent Gbagbo. Jean Hélène de la RFI a été tué. Guy André Kieffer a disparu.

Les patriotes africains en ont marre. Ainsi les panafricanistes révolutionnaires ont créé leurs propres media patriotiques pour contrecarrer les media occidentaux (Afrique Media au Cameroun). La guerre médiatique, communicationnelle fait donc rage en Afrique. Le gouvernement révolutionnaire du Mali vient d'interdire les media propagandistes et impérialistes français au Mali (RFI, France 24). C'est de bonne guerre. Le Burkina Faso du Président Ibrahim Traoré a emboîté le pas au Président Assimi Goïta. Cela doit se faire dans toute l'Afrique. La révolution et la renaissance africaines l'exigent. La décolonisation, la libération, l'indépendance, la souveraineté et la dignité de l'Afrique seront acquises à ce prix. Bravo à ces deux Présidents héros ! Ils sont des modèles. Ils font respecter leurs pays. Ils font honneur à leurs pays. Désormais, la lâcheté, la traîtrise, la légèreté, la faiblesse, le manque de courage et de patriotisme doivent cesser dans la vie géopolitique en Afrique. Nous devons faire et gagner cette guerre médiatique que l'Occident nous impose en Afrique. Nous devons combattre et chasser tous les media ennemis de l'Afrique. Il nous faut nous défendre et mettre l'ennemi hors d'état de nuire.

8

Unipolarité Et Multipolarité Mondiales

Le monde unipolaire est celui dans lequel il y a des pays conquérants, prédateurs, dominateurs. Il est dirigé par les pays occidentaux capitalistes, esclavagistes, colonialistes, impérialistes. Il est régi par la loi du plus fort et du plus méchant. C'est une jungle. C'est un monde immoral. C'est un enfer terrestre créé et contrôlé par les francs-maçons, les Illuminati, les oligarques capitalistes. Le monde unipolaire repose sur la guerre, la violence, la barbarie, l'iniquité, l'arbitraire, le mensonge, le vol, le brigandage, le pillage, l'exploitation des pays faibles. Les maîtres de ce monde sont les puissances qui ont gagné les guerres mondiales, les guerres chaudes et les guerres froides. Ce monde unipolaire est inacceptable et insupportable de nos jours. Il est très vivement dénoncé, critiqué, contesté, combattu par tous ceux qui sont épris de justice, de paix, de sécurité, de liberté, d'égalité, de fraternité, de bonheur à travers tous les continents.

L'humanité et la civilisation fondées sur la morale ascétique exigent à présent la création d'un monde meilleur et salutaire pour tous les peuples de la terre. Ce type de monde est appelé le monde multipolaire. C'est notre préférence, notre idéal géopolitique. Il impose le règne des fins éthiques à tous les pays. L'humanité évolue inexorablement vers la réalisation du rêve multipolariste. Le rapport de force entre les nations, les Etats, les races (géopolitique, géostratégie) est en train de changer en rapport de vertu, de morale. La civilisation et l'humanisme prendront le dessus sur le satanisme et la franc-maçonnerie. La guerre en Ukraine contribuera à cela. Une troisième guerre mondiale pour créer ce monde multipolaire est très souhaitable. La Russie et les pays du Brics mènent une guerre juste, légitime, salvatrice et sainte contre le diable. Il s'agit de préserver la vie, l'humanité, les valeurs ascétiques, de défendre les droits, les biens, les richesses des faibles, de mettre fin aux crimes abominables infinis des oligarques, des ploutocrates, des capitalistes, des francs-maçons. Il faut empêcher les mondialistes de continuer à fabriquer des poisons, des virus, des maladies contre l'humanité. Il faut les empêcher, par tous les moyens, de détruire le monde, de génocider, d'exterminer les peuples, de réduire la population de la terre, d'accomplir leurs programmes eugénistes et transhumanistes macabres. Il faut les empêcher de continuer à inoculer leurs poisons de vaccins ou leur thérapie génique aux gens. C'est stérilisant et mortifère.

Il faut mettre fin à leur action de zombification, de robotisation et de contrôle des êtres humains. Nous savons qu'ils veulent supprimer les humains et les remplacer par des monstres qu'ils vont créer grâce à leur technocratie. Ces monstres sont appelés posthumains ou les hommes augmentés. Tels sont quelques crimes horribles qui constituent les caractéristiques du nouvel ordre mondial des oligarques, des satanistes, des mondialistes, des covidistes et des vaccinistes. Ils appellent cela également la « nouvelle normalité ». Quelle insulte ! Quelle tyrannie diabolique ! L'unipolarité mondiale est principalement l'œuvre des nazis, des hitlériens, des anglo-saxons et de leurs alliés criminels qui dominent le monde à travers le capitalisme sauvage et sanguinaire. Les Africains sont très concernés par cette guerre contre l'unipolarité mondiale. Ils ne doivent pas rester indifférents ou neutres vis-à-vis de cette dynamique historique, géopolitique et géostratégique. Ils doivent y jouer un rôle majeur et prendre leurs responsabilités prospectives. Car l'épée de Damoclès plane au-dessus de leurs têtes. Ils sont les plus massacrés, les plus martyrisés, les plus dominés, les plus opprimés, les plus humiliés, les plus discriminés, les plus méprisés et les plus chosifiés dans le monde (les damnés de la terre). Toutes les idéologies, toutes les philosophies, toutes les sciences occidentales sont contre eux malgré tout le bien qu'ils font à l'Occident. Celui-ci leur vole leurs richesses, leurs matières premières, pille leurs économies, les maltraite et les tue. Pourquoi ne prennent-ils pas donc le devant de cette guerre juste, libératrice et salutaire ? Pourquoi cette timidité, cette indifférence qu'ils affichent ? Comment comprendre que des Africains acceptent d'aller combattre la Russie en Ukraine et aider leurs bourreaux occidentaux ? Le monde est vraiment posé sur sa tête ! C'est une absurdité totale. Quelle honte ! Est-ce l'effet de la corruption ou de la bassesse d'esprit ? C'est tout ça à la fois. Aider son ennemi, son prédateur et combattre son sauveur, son bienfaiteur est la logique du fou. C'est aussi la logique du diable. C'est l'ingratitude suprême. L'Afrique est réellement folle, idiote, imbécile, bête, stupide. Elle prend son ennemi pour son ami et son ami pour son ennemi. Elle bat ainsi le record mondial de la bêtise. Elle est réellement trop malade. Elle est schizophrène. C'est le moins qu'on puisse dire ici.

Malgré tout ça, beaucoup d'Africains d'aujourd'hui refusent la domination occidentale sur leur continent et sur leurs valeurs ancestrales. Ils condamnent les valeurs immorales et inhumaines de l'Occident que l'on veut leur imposer par tous les moyens. Cela est très intéressant et très réjouissant. Beaucoup de jeunes Africains actuels revendiquent les valeurs kemitiques qui leur sont de plus en plus dévoilées par nos égyptologues et activistes politiques à travers les réseaux sociaux et des livres. Il s'agit des paradigmes politiques, économiques, culturels, spirituels et sociaux de nos ancêtres mis en lumière et en valeur par nos historiens, sociologues, anthropologues, philosophes, archéologues, paléontologues, penseurs comme Cheikh Anta Diop, Jean- Charles Coovi Gomez, Doumbi Fakoli, Théophile Obenga, Kalala Omotoundé, Mbombog Mbog Bassong, Joseph Ki-Zerbo, Jean-Marie Adiafi Adé et autres. Les Africains patriotes, afrocrates (Afrocratisme) et panafricanistes reviennent fièrement à leurs patrimoines civilisationnels ancestraux. Ils se débarrassent de plus en plus de leur complexe d'infériorité, de leur mimétisme, de leur aliénation, de leur soumission à l'ordre néocolonial. Ils mènent vaillamment une guerre totale et frontale à l'occidentalocentrisme, une guerre d'ordre géopolitique, géostratégique et géoculturel. C'est perceptible au Mali du Président Assimi Goïta, du Burkina Faso du Président Ibrahim Traoré, de la Guinée du Président Mamadi Doumbouya, du Tchad, de la Centrafrique etc. Ils ne craignent pas de mourir sous les balles assassines des armées impérialistes, néocolonialistes et prédatrices. Ils sont tués par milliers ou millions dans les pays en guerre contre la françafrique, l'Union européenne, l'OTAN, l'ONU. Ils préfèrent mourir dignement en martyrs, en patriotes, en se battant pour essayer de libérer leurs pays plutôt que de se résigner à l'esclavage chez eux, sur leur continent. Ils préfèrent mourir en Afrique, dans une lutte juste, patriotique, plutôt que d'aller se faire tuer en mer en fuyant la misère, la pauvreté, la souffrance créées en Afrique par l'impérialisme, le néocolonialisme et la prédation franco-occidentaux. C'est un bon choix. C'est un choix raisonnable, légitime et responsable. C'est du patriotisme exemplaire, à la Sankara, à la Kadhafi, à la Lumumba, à la Samory Touré, à la Sylvanus Olympio, à la Cabral Amilcar, à la Modibo Keïta, à la John Pombe Joseph Mangufuli (tous martyrs et héros africains).

Il faut rendre ici un vibrant hommage à tous les braves activistes politiques qui s'opposent au monde unipolaire, qui sont dans le viseur de la françafrique et du mondialisme satanique. Leurs têtes sont mises à prix. Ils ont pour noms Kemi Seba, Nathalie Yamb, Mohamed Konaré, Egountchi Behanzin, Mwazulu Diyabanza, Donald Emperator, Franklin Nyamsi… Rendons également un hommage très appuyé à nos Présidents dignes et méritants qui défient présentement la françafrique et le mondialisme des oligarques francs-maçons. Ils ont pour noms : Assimi Goïta, Ibrahim Traoré, Mamadi Doumbouya, Archange Touadera, Andry Rajoelina.

9

Multipolarité Mondiale Et Afrocratisme

L'humanité court en ce moment vers un très grand rêve : un monde multipolaire. Il y a une dynamique universelle, historique ou un idéal moral en marche. C'est l'autodétermination, l'auto-libération, la conquête de l'indépendance et de la souveraineté nationales. Qu'est -ce que les peuples africains qui demeurent néo-colonisés, asservis et aliénés doivent faire dans ce tournant de l'histoire mondiale ? L'oligarchie capitaliste occidentale a enfermé tous les peuples de la terre dans une vaste prison depuis des siècles. A présent, la porte de cette prison est brisée. La chance est donnée à tous les peuples en prison de sortir, de s'en aller. Les autres peuples s'en vont rapidement et joyeusement. Ils rentrent chez eux. Ils bénissent leurs Dieux. Ils savent comment organiser leur nouvelle vie et améliorer leur sort. Ils ont obtenu la liberté et la dignité. Ils cherchent leur bien-être et un maximum de bonheur. C'est, par exemple, le cas de la Russie, de la Chine, de l'Inde, de la Turquie, du Brésil, de l'Afrique du Sud etc. On voit ce qu'ils font. Ils sont en train de réinventer leur avenir dans le monde-jungle. Ils refont leur histoire. Pendant ce temps, que font les pays africains ? Ils font le contraire. Ils se maintiennent en prison. Ils refusent de partir chez eux. Ils n'ont plus un chez soi. Ils ne savent où aller ni quoi faire. Ils n'ont même pas la volonté de quitter la prison. Ils n'ont plus de culture ni de civilisation propre à eux (leur chez soi). C'est ce qui nous intéresse ici. La prison en question est l'ensemble des valeurs, des paradigmes qui constituent la culture et la civilisation impérialistes occidentales. La prison, c'est l'occidentalocentrisme. C'est la pensée unique. C'est la pensée dominante des oligarques prédateurs. Cette prison est l'ennemie mortelle de l'Afrique. Elle s'exprime par l'intellectocratie moderniste et occidentalocentrique. C'est le régime socio-géopolitique, socio-géo-économique, socio-géoculturel créé par l'ennemi impérialiste et néocolonialiste. C'est le système global qui permet aux seuls intellectuels officiels africains de gouverner toute l'Afrique dictatorialement pour le compte de l'oligarchie capitaliste occidentale. Comment le peuple africain pourra-t-il sortir de cette prison satanique ? La prison résume tous les vices occidentaux, tous les crimes contre l'humanité, toutes les violations des Droits de l'Homme et des peuples, la guerre secrète des mondialistes contre l'humanité et la civilisation. Tout cela est contraire aux valeurs, à la culture et à la civilisation négro-africaines. C'est absolument contre nos intérêts. Par conséquent, nous ne devons (et ne pouvons) pas l'accepter. Nous devons y mettre fin maintenant. Quittons la prison et rentrons chez nous. Chez nous, c'est où ? Ce sont nos villages africains avec toutes leurs valeurs et toutes leurs us et coutumes ancestrales. Chez nous, c'est l'Africanité, la négritude, le kemitisme, les valeurs maâtiques. Le problème des Africains est la perte de leur identité, leur aliénation, l'ignorance ou l'abandon de leur culture et de leur civilisation authentiques.

La solution de notre problème est donc à la fois le retour et le recours à notre kemitisme. Pratiquons la paysanocratie ou l'afrocratie contre l'intellectocratie ou occidentocratie. Comment ? Réglons tout d'abord la question politique ou géopolitique. Tout découle de ça. C'est la racine de tous nos maux. La politique ou géopolitique gouverne tout. La vie nationale ou la vie d'un peuple est gérée, administrée, organisée, régulée par l'instance politique. Si le problème politique-géopolitique, qui est le ressort, le moteur de la société, est résolu, en Afrique, tous nos maux disparaîtront automatiquement selon la loi de la causalité. Nous devons apprendre à nous gouverner selon nos coutumes traditionnelles, kemitiques, maâtiques. Nos philosophes, savants, anthropologues, sociologues, ethnologues et historiens nous enseignent cela. Par ailleurs, nos villages africains existent. Ils conservent jalousement nos valeurs, nos paradigmes et nos coutumes politiques, économiques, sociales, spirituelles (culture, civilisation). Nous avons nos manières de vivre, de penser et d'agir propres à nous. Cela peut nous sauver et nous donner le bonheur. Il s'agit simplement de sortir de la prison coloniale-néocoloniale, de nous affranchir de toute domination étrangère et de retrouver nos racines. En clair, faisons une révolution culturelle et décolonisatrice pour nous émanciper, nous auto-déterminer. Conquérons notre indépendance et notre souveraineté réelles pour notre puissance, notre dignité, notre progrès et notre grandeur. C'est une question de géopolitique, de géostratégie, de géo-économie. Sur le plan géopolitique, sortons du modèle qui nous est imposé par l'impérialisme et le néocolonialisme. Abandonnons le pseudo-Etat-nation, la pseudo-république, la pseudo-démocratie, le pseudo-pouvoir dit légal, rationnel, institutionnalisé (Max Weber). Ce type de pouvoir nous soumet à la domination occidentale. C'est une bombe nucléaire. Il nous désunit, nous divise, nous affaiblit, nous réduit à néant. Il nous transforme en bourriques, en moutons. Il nous met dans un rapport de maître à esclave vis-à-vis des Occidentaux prédateurs. Cela les favorise, les enrichit, les glorifie et même les déifie. Cela leur donne le droit de vie et de mort sur nous. Ainsi nous avons toujours des comptes à leur rendre en tant qu'ils sont nos maîtres, nos modèles, nos guides, nos bourreaux. Rendons-leur courageusement leur démocratie, leur république, leur Etat-nation, leur Etat de droit etc. Reprenons nos systèmes politiques à nous pour être libres, en paix, en sécurité, heureux, dignes, respectables.

Décolonisons notre vie politique, économique, sociale, mentale, culturelle, spirituelle. Dans nos villages, se trouvent la monarchie (et non la république des Occidentaux) et la chefferie. Ces deux manières de nous gouverner sont intéressantes, suffisantes et salutaires. L'Angleterre est une monarchie. L'Espagne est une monarchie. La Belgique est une monarchie etc. Personne ne leur en veut pour ça. Le Japon est un empire. Et tous ces pays ne sont point malheureux ni ne souffrent d'aucune condamnation de la part de la prétendue communauté internationale (ONU). Ils ne sont pas faibles, impuissants du fait de leur régime politique. Ils ne sont pas complexés vis-à-vis des républiques et autres. Ils n'ont point honte d'eux-mêmes. Ils n'envient pas les Etats dits républicains de ce monde. Battons-nous pour arracher le droit de refonder notre système politique sur nos traditions éthiques, philosophiques et maâtiques. Ce sera très bon pour le développement, le progrès et la renaissance de notre continent et de notre race. Cela passera par deux types de révolution ou deux étapes nécessaires. La première étape consistera à transformer chaque Etat-nation en un royaume qui rassemblera toutes les ethnies du pays (Communauté des ethnies). Cette Communauté des ethnies sera dirigée par l'ensemble des rois et des chefs traditionnels. Elle sera chapeautée par un roi suprême élu par ses pairs au tirage au sort. Il aura un mandat de cinq ans non renouvelable. Cela s'appelle la révolution politique locale. Ainsi nous aurons cinquante-quatre royaumes (54 Communautés ethniques) en Afrique. Ces 54 royaumes seront fédérés pour donner naissance à un vaste empire. Celui-ci sera dirigé par l'ensemble des 54 rois issus des révolutions locales. Ces derniers choisiront leur roi suprême ou empereur par tirage au sort. Celui-ci aura un mandat de cinq ans non renouvelable. Cela s'appelle la révolution continentale. Voilà comment, selon nous, l'Afrique peut (et doit) être gouvernée en vue de sa renaissance. Il faut « se transformer pour résister et se transformer pour rester soi-même » (Salfo-Albert Balima). Il s'agit de jouer un très grand rôle historique en unissant toutes les ethnies africaines et en réconciliant les paysans-villageois avec leurs bourreaux, leurs prédateurs, c'est-à-dire les intellectuels officiels (les Blancs à la peau noire ou les marionnettes de l'Occident). Cela passe par le partage de tous les pouvoirs, y compris bien sûr le pouvoir politique, à toutes les ethnies sans frustrer ni léser aucune d'entre elles, par l'abandon des modèles socio-politiques injustes, discriminatoires, illégitimes et inefficaces des Blancs. Ces modèles ont rendu les paysans-villageois inférieurs et esclaves des intellectuels occidentalocentristes (l'intellectocratie raciste, néocolonialiste, dictatoriale). Combattons cet Apartheid de la façon suivante:

1. Par la suppression de l'Etat-nation unitaire, gigantesque prison néocoloniale, champ du néo-esclavage, source de tous les maux, de tous les dangers et des conflits présents.
2. Par la création immédiate d'un empire continental ou confédération consensuelle des ethnies-nations.

Ce système appelé la Paysanocratie ou l'Afrocratie a beaucoup d'avantages incontestables :

1. Il permet d'éviter les guerres interethniques, les génocides, les coups d'Etat, l'anarchie, les rébellions armées, la domination de certaines ethnies sur d'autres (Côte d'Ivoire, Liberia, Rwanda, Cameroun, Togo…).
2. On réhabilite ainsi les valeurs et les modèles politiques noirs.
3. On corrige des injustices. On limite les privilèges injustes et exorbitants des intellectuels officiels occidentalocentristes. On met fin à l'arbitraire et à l'arrogance de leur régime artificiel, raciste, prédateur, discriminatoire, inadapté, impérialiste et néocolonialiste.
4. Avec la Paysanocratie, on permet aux Noirs de vivre selon leur philosophie noire et de retrouver leur identité, leur originalité et leur sagesse maâtique comme gages de leur épanouissement, de leur grandeur, de leur puissance, de leur développement quantitatif et qualitatif.
Telles nous semblent être les aspirations les plus profondes et les plus légitimes des ethnies et des paysans africains toujours dominés, frustrés, méprisés, prédatés, insultés et colonisés par des blancs à la peau noire. Que vivement

cesse enfin la grimace macabre de notre occidentalisation-aliénation-domination ! Metton impérativement fin à tous ces maux appelés emphatiquement et par mauvaise foi : développement, indépendance, souveraineté, décolonisation, civilisation, modernisation, ouverture, mondialisation etc. N'en déplaise aux suppôts de l'occidentalocentrisme, aux anti-traditionnalistes et aux anti-millénaristes.

Une révolution est amorcée au Mali avec le colonel Président Assimi Goïta. C'est très beau et très flatteur. Souhaitons que cela aille jusqu'à son terme ou à la victoire totale. Souhaitons qu'elle atteigne des fins afrocratiques . « La décolonisation ne consiste pas seulement à se libérer de la présence coloniale, elle doit nécessairement se compléter par la libération totale de l'esprit de « colonisé », c'est-à-dire de toutes les mauvaises conséquences morales, intellectuelles et culturelles du régime colonial » (Sékou Touré , in La Guinée et l'émancipation africaine, Présence Africaine, Paris, 1959, p. 175).

Conclusion

Nous venons de définir la domination occidentale sur le monde comme l'essence de l'unipolarité mondiale. Et nous demandons aux Africains de sortir de cet enfer terrestre pour entrer dans un monde nouveau, salutaire ou multipolaire. Ce monde de rêve est notre paradis terrestre. Enterrons la colonisation-néocolonisation occidentale que nous subissons à présent. Sortons de cette prison dont la porte est désormais brisée par les grands combattants de la liberté, de la justice, de la souveraineté, du bonheur, du salut, de la paix et de la vérité. Le monde multipolaire est une république des fins glorieuses et éthiques. Entrons dans la ligne de front de cette guerre sainte de notre libération. Faisons la révolution salutaire géopolitique, géo-économique, géoculturelle. C'est une question de vie ou de mort.

Osons inventer par une bataille féroce notre avenir. Refaisons notre histoire glorieuse. Enterrons nos erreurs, nos bêtises, notre lâcheté et regardons le soleil. Travaillons pour l'avènement d'un jour nouveau, glorieux et salutaire. Créons ce monde de bonté, d'amour, de fraternité, de justice, d'égalité, de liberté, de bonheur, de prospérité, de paix, de sécurité, de solidarité, d'harmonie. Créons ce monde de grandeur et de puissance pour tous les peuples de la terre. Abolissons l'ordre ancien qui nous tue. Nous devons supprimer les dualités et les contradictions antagoniques de l'ordre ancien ou du monde unipolaire. L'Afrique a le devoir impérieux et absolu de s'engager résolument dans cette bataille de la renaissance humaine. Car c'est elle qui souffre le plus comme la plus grande victime de l'unipolarité mondiale. C'est elle qui est piétinée, écrasée, détruite, pillée, volée et dominée le plus par les puissants de ce monde unipolaire. L'Afrique est la plus perdante. Elle a donc tout intérêt à se jeter corps et âme dans cette guerre salvatrice et nécessaire sans se faire prier ni supplier. C'est une question de vie, d'honneur, de sécurité, de bon sens, de logique élémentaire. Elle doit tout faire pour que le diable meure, pour que Satan soit vaincu. Telle est sa responsabilité prospective. Ou elle joue très bien, et à fond, ce rôle et elle est sauvée ou elle ne fait rien et elle disparait de la terre. L'heure n'est plus au jeu d'enfant ni au jeu d'imbécile. Le moment est très grave et très douloureux.

L'Afrique doit se réveiller. Elle doit ouvrir très grands les yeux et voir ce qui se passe dans le monde. Elle doit ouvrir son esprit pour comprendre les enjeux de la géopolitique et de la géostratégie mondiales. Ou bien elle s'allie au bloc dénommé les BRICS et elle gagne quelque chose ou elle ne fait pas cela et elle perd tout. Son avenir et sa vie se jouent ici. Les très longs siècles de la traite négrière et de sa colonisation-prédation-domination par l'Occident doivent lui servir de leçon aujourd'hui. Elle a commis trop d'erreurs, trop de bêtises par le passé. Cela doit s'arrêter. Trop de lâcheté, trop de faiblesse et trop d'idiotie ça tue. « Errare humanum est sed perseverare diabolicum », disent les anciens Romains en latin (L'erreur est humaine mais la continuité dans l'erreur est diabolique). Le fait de ne pas se corriger et de ne pas sortir de l'erreur est catastrophique. Telle est la leçon à donner aux Africains à l'égard de l'histoire. Cela doit être bien médité par chaque Africain. Personne n'est né pour servir d'esclave à autrui ad aeternam. Quand on tombe, il faut se relever et avancer. Ne te repose pas tant que tu n'es pas arrivé à ta destination. Never give up, disent les Américains. N'abandonne jamais ton combat. Fais tout pour le gagner.

L'Afrique doit se décider d'exister et de briller. Elle doit se décider de vaincre tous ses ennemis, de triompher de toute adversité. Elle ne doit point continuer de faire pitié, de faire l'esclave, la colonisée, de faire honte. Nous ne voulons pas voir notre Afrique dans la poubelle ni comme un torchon pour les autres peuples. L'Afrique ne doit pas se contenter de vivre à la traîne des autres continents, de vivoter comme un continent mendiant, pauvre, miséreux, malheureux. Elle doit faire un choix capital. Lequel ? Elle doit choisir de se défendre, de se battre et de progresser vers un avenir meilleur. La meilleure façon de se défendre, c'est de se battre, de passer à l'offensive. Le combattant (le boxeur) qui n'attaque jamais son adversaire ou qui l'attaque trop faiblement sera vaincu. Celui qui fuit un combat qui lui est imposé par son destin est indigne et honteux. C'est un vaurien, un lâche. Il ne mérite pas de vivre dans notre jungle terrestre. Nous sommes donc condamnés à faire notre combat existentiel, historique, ou à disparaître. Respectons la règle d'honneur, de sécurité, de dignité, de respectabilité. Faisons-nous respecter. Être respecté, c'est être craint, redouté parce qu'on représente une puissance, une source de danger, de malheur pour le prédateur, l'agresseur, l'impérialiste, l'envahisseur potentiels. Créons donc nos moyens de puissance qui feront que le monde nous craindra, nous respectera, nous laissera en paix, en liberté, en sécurité. C'est ce qu'ont fait des pays comme la Corée du nord, la Chine, la Russie, les Etats-Unis d'Amérique…Il faut donc s'armer au maximum, avoir des bombes nucléaires et autres. La DISSUASION militaire, nucléaire, est le moyen salutaire par excellence. Il faut se défendre ou périr par lâcheté, idiotie, faiblesse. Il faut se donner les armes les plus puissantes de sa défense ou périr face à son prédateur, à son agresseur, à son ennemi. L'Afrique est confrontée à ce défi de sécurité et de puissance. Tant que ce défi n'est pas relevé, il n'y aura pas d'avenir, de paix, de progrès, de bonheur, de salut, de développement pour l'Afrique. Ayons le courage et l'honnêteté de reconnaître cette vérité. Toute vérité salvatrice est très bonne à dire. La faiblesse ne sauve pas, ne rend pas heureux. C'est la puissance militaire qui sauve et rend un peuple libre, digne, respectable et heureux. Le vrai pouvoir, le plus utile, est donc bel et bien le pouvoir militaire (Alain). C'est le cas des USA, de la Chine, de la Russie, de la Corée du nord. C'est aussi simple que ça. C'est très facile à comprendre car les faits historiques nous parlent tous les jours. Aucun lion ne respecte une biche. Pourquoi ? Parce qu'elle n'est pas un danger pour lui. C'est plutôt une proie facile.

Se défendre, c'est être capable de dire NON à la soumission, à l'oppression, à la domination, à l'injustice, à l'arbitraire, à la prédation, à la barbarie, à la dictature, à la négrophobie, au pillage de l'Afrique par l'oligarchie impérialiste, néocolonialiste, néo-esclavagiste. Ce NON signifie que les Africains qui le prononcent en face des Occidentaux sont prêts et déterminés à se battre à mort, qu'ils disposent des armes redoutables et dissuasives. Il faut parler aux bourreaux, aux prédateurs, la seule langue qu'ils comprennent, c'est-à-dire la guerre aux armes nucléaires ou le rapport de force qui peut les écraser. Il faut pouvoir les effrayer dans leur système belliqueux. Qui est mieux placé que les Africains pour avoir les armes les plus terrifiantes sur cette terre ? En vérité personne. Parce que les Africains possèdent toutes les matières premières et stratégiques qui servent à fabriquer ces armes de destruction massive. Si, malgré cette grande supériorité matérielle, les Africains n'ont jamais décidé de détruire l'humanité ni de punir les pays barbares, belliqueux, injustes et méchants à leur égard, c'est parce qu'ils sont endormis par leur morale, leur spiritualité et leur humanisme ascétiques, par leur sagesse. C'est parce qu'ils sont des bonbons. Par ailleurs, leurs dirigeants politiques sont des complices, des employés, des valets, des vassaux, des marionnettes des oligarques occidentaux. Mais ils commencent à tout comprendre, à se réveiller, à se mobiliser et à agir en patriotes solidaires, combatifs sous l'effet des idéologies comme le panafricanisme, l'afrocratisme, l'afrocentricité, le kemitisme etc. Ils commencent à combattre la traîtrise, la paresse, la lâcheté, l'engourdissement, l'inconscience, la passivité, la résignation, l'indifférence, la faiblesse, l'imbécilité, l'égoïsme, l'individualisme qui les gangrènent et qui les retiennent esclaves. L'Africain commence à comprendre qu'il lui faut exister et que pour ce faire, il a besoin de lutter, c'est-à-dire de prendre l'initiative de provoquer sa renaissance comme un boxeur qui veut gagner son combat et qui, de ce fait, décide d'attaquer son adversaire, d'enchaîner des coups de poing sur son visage pour l'épuiser et le terrasser.

Le multipolarisme des Africains signifie la victoire sur l'intellectocratie occidentalocentrique, c'est-à-dire l'instauration de la paysanocratie, la création immédiate de l'empire continental africain. Le régime des intellectuels officiels prédateurs, oppresseurs, mondialistes, barbares, égoïstes, antipatriotes doit tomber pour le bonheur et le salut de tous. Les intellectocrates sont tous les Africains qui agissent comme des gouverneurs, des valets, des marionnettes de l'Occident. Ce sont les exécutants des ordres et des lois criminels, impérialistes. C'est tous ces Présidents africains qui appliquent à leurs pays le code noir, la charte de l'impérialisme, le pacte colonial. Si nous réussissons à détruire ce système macabre, diabolique, alors nous mériterons d'être appelés êtres humains. Nous serons dès lors très respectés et très dignes. Les lions se respectent mutuellement. Un lion en vaut un autre aux yeux des autres lions. On ne le confond pas à un poulet, à un rat. Son rugissement suffit à le faire reconnaître comme lion et à ne point le faire prendre pour un rat. Ainsi on sait qu'il possède des crocs et des griffes très puissants et irrésistibles. On sait qu'il est un danger potentiel et permanent. Son apparence et ses armes sont dissuasives. Même son cadavre effraie toujours les gens. En tant que lions, nous aurons droit à tous les égards et nous ferons partie intégrante de l'humanité qu'on nous dénie présentement. On nous fera une place de choix, mieux, nous devons nous faire une place de choix. Faisons-nous rois. C'est en notre pouvoir. KAMA était la plus grande puissance mondiale. Redevenons des KEMITES. Une certaine humanité nous rejette présentement et nous nie si violemment parce que nous refusons de jouer notre rôle régalien et de prendre notre responsabilité prospective envers nous-mêmes et envers les autres. Nous refusons de combattre le MAL. Nous refusons de rentrer dans l'histoire par la grande porte, celle de l'honneur, de la dignité et de la gloire. M. Nicolas Sarkozy, ex-président de la France, nous l'a dit publiquement en Afrique. L'histoire nous ignore, selon

Hegel. L'Occident et l'Orient se moquent bien de nous, eux, nos deux bourreaux. Ils nous connaissent comme leurs proies faciles. Ils savent que nous ne leur résistons pas vaillamment, victorieusement. Ils sont convaincus que nous sommes très faibles et très lâches. Nous leur donnons le feu vert de nous nuire, de nous maltraiter éternellement. Quelle honte ! Quelle idiotie ! Pourquoi tout cela ? La Bible, le Coran et Le Livre des Mormons disent que nous sommes maudits ou esclaves. Non, nous ne sommes point maudits. Réveillons-nous et levons-nous. Croyons en nous. Prenons conscience de nos potentialités infinies. Relevons tous nos défis. Corrigeons tous nos défauts. Tout est possible à l'homme. Mais il doit oser, vouloir et agir. A cœur vaillant, rien d'impossible, dit l'adage.

Résumé Du Livre

Ce livre a pour enjeu et ambition de contribuer à l'éveil des consciences des humains dans ce tournant très critique de notre histoire. Il invite l'humanité à transcender toutes ses dualités et toutes ses contradictions pour accéder au salut et au bonheur.

Biographie De L'auteur

François Adja Assemien est né le 15 mars 1954 en Côte d'Ivoire. Il a étudié les lettres classiques (latin et grec), les sciences humaines et la philosophie. Diplômé en philosophie (Doctorat d'Etat) et en sociologie (Licence), il s'est consacré à l'enseignement de la philosophie à l'université, à la recherche et à l'écriture. Il parle et écrit trois langues vivantes que sont le français, l'anglais et l'allemand.

Il est auteur de plusieurs ouvrages publiés en Europe et en Amérique (Romans, essais, contes, pièces théâtrales) et de plusieurs concepts tels que la Philocure, l'Afrocratisme, la Sidarologie, la Paysanocratie etc. Il est également artiste- musicien, compositeur, chanteur et guitariste. Il vit aux Etats-Unis d'Amérique.